C.H.BECK WISSEN

in der Beck'schen Reihe

Der Daoismus ist im Westen durch die Lehre von Yin und Yang und das I Ging, aber auch durch die Tradition der Körper- und Geisteskultivierung bekannt. Techniken der Atemkontrolle, Taijiquan, Qigong und daoistische Kampfkunst erfreuen sich seit Längerem auch bei uns großer Beliebtheit. Hans van Ess beschreibt, was die Legenden über den Weisen Laozi sagen, und erläutert die Lehre des *Daode jing*, des klassischen Buches von Weg und Tugend, das im 4. Jahrhundert v. Chr. entstand. Von hier aus geht er den verschiedenen daoistischen Schulen nach, die im Laufe der Jahrhunderte ein reiches religiöses Schrifttum hervorgebracht haben. Ihre unterschiedlichen Wege zur Erlangung von Harmonie und Langlebigkeit reichen von der Alchemie und magischen Praktiken über den Geschlechtsverkehr bis hin zur Kampfkunst. Bis heute ist der Daoismus in China neben Konfuzianismus und Buddhismus weit verbreitet, und seine Bedeutung wird – so die Prognose – in Zukunft weiter wachsen.

Hans van Ess, geb. 1962, ist Professor für Sinologie an der Universität München. Seine Forschungsschwerpunkte liegen im Bereich der chinesischen Geistesgeschichte. Bei C.H.Beck erschienen von ihm u. a. «Der Konfuzianismus» ([2]2009) und «Die 101 wichtigsten Fragen. China» (2008).

Hans van Ess

DER DAOISMUS

Von Laozi bis heute

Verlag C.H.Beck

Mit 12 Abbildungen und einer Karte

Originalausgabe

Satz: Fotosatz Reinhard Amann, Aichstetten
Druck und Bindung: Druckerei C.H.Beck, Nördlingen
Umschlagentwurf: Uwe Göbel, München
Umschlagabbildung: Laozi auf einem Büffel, 18. Jh.,

Printed in Germany
ISBN 978 3 406 61218 3

www.beck.de

Inhalt

Der Unsterbliche fliegt auf einem Kranich,
Symbol der Unsterblichkeit, davon.

Vorwort

«Was ist Daoismus?» So betitelte der amerikanische Sinologe Herrlee Creel im Jahr 1956 einen berühmt gewordenen Aufsatz. Gleich zu Beginn schloss er jedoch aus, dass er eine Antwort werde geben können. Ihm ging es letztlich nur um die Zeit der Streitenden Reiche (479–221 v. Chr.), während der sich in China verschiedene philosophische Strömungen herausgebildet hatten, von denen eine der Daoismus war. Diese philosophische Strömung unterscheidet sich in vielerlei Art von den späteren religiösen Ausprägungen des Daoismus, obwohl manche Autoren, unter denen der vielleicht prominenteste der französische Sinologe Henri Maspero war, annahmen, dass auch in den alten Texten bereits Grundzüge des daoistischen Unsterblichkeitskultes angelegt gewesen seien.

Heute wissen wir viel mehr über den Daoismus als in den Zeiten, in denen die angesprochene Debatte ausgetragen wurde. Während viele Texte des religiösen Daoismus der chinesischen Kaiserzeit, die in den fünfziger Jahren des letzten Jahrhunderts noch unerschlossen waren, in großangelegten Forschungsprojekten untersucht wurden, wird auch der vermeintlich wohlbekannte philosophische Daoismus eines Laozi oder Zhuangzi heute in ganz anderem Licht gesehen als vor fünfzig Jahren. Ausgrabungen, bei denen in chinesischen Gräbern des vierten und dritten vorchristlichen Jahrhunderts zahlreiche Textfunde gemacht wurden, haben das früher vorherrschende Bild einer Gesellschaft, die von miteinander im Wettstreit liegenden philosophischen Schulen geprägt war, gründlich erschüttert. Die Archäologie legt nahe, dass die meisten Denksysteme des Altertums miteinander in Verbindung standen und klar umrissene doktrinäre Gegensätze nicht zwischen ehernen Blöcken von philosophischen Schulen wie dem Konfuzianismus, dem Mohismus oder dem Daoismus bestanden, sondern eher zwischen Gelehrtenpersönlichkeiten und ihren Schülern, die sich von anderen Lehrern abgrenzten. Demnach hätte es einen philosophischen Daoismus möglicherweise als abgegrenzte Schule gar nicht gegeben. Auch die Unterscheidung eines philosophischen und eines religiösen Daoismus, auf chinesisch *daojia* bzw. *daojiao*, wird mittlerweile kritisch gesehen, so wie Maspero dies auch schon getan hat. Die Wissenschaft versteht daher unter Daoismus etwas anderes als große Teile des allgemein gebildeten Publikums, das bei diesem Stichwort vor allem an die großen Meister des Altertums, Laozi oder Zhuangzi, denkt.

Im vorliegenden Buch liegt der Schwerpunkt auf den religiösen Traditionen und den daoistischen Techniken, denn bei aller inneren Diversifizierung sind dies die Merkmale, die den Daoismus zu einer Einheit machen. Die Forschung hat zu diesen Themen in den letzten Jahrzehnten große Fortschritte gemacht, was auch damit zusammenhängen mag, dass der daoistische Kanon mittlerweile weithin verfügbar ist und sogar im Internet steht, während er bis vor zwanzig Jahren nur an wenigen Standorten gelesen werden konnte. Die Schwierigkeit, eine knappe Darstellung des Daoismus zu schreiben, liegt also nicht mehr so sehr darin, dass Materialien nicht zur Verfügung stehen oder nicht aufgearbeitet sind, sondern vielmehr darin, dass sich der Autor zu überlegen hat, wie er aus der Überfülle der vorliegenden Informationen ein gehaltvolles Buch kondensieren kann, in dem tatsächlich die wichtigsten Dinge stehen. Zusammenfassende Kurzdarstellungen auf deutsch oder englisch liegen zum Daoismus bisher nur in kleiner Zahl vor. Auf diesem Gebiet besteht eine Lücke, zu deren Schließung das vorliegende Buch einen kleinen Beitrag leisten möchte.

Wie sehr dies gelungen ist, mag jeder einzelne Leser beurteilen. Er wird jedoch schnell erkennen, was in diesem Buch nicht geboten wird: Freunde der Esoterik werden möglicherweise beklagen, dass der Abriss zu historisch geraten ist und dass das Mysterium des Dao zu wenig betont wurde. Das Buch wurde bewusst chronologisch angelegt und nicht thematisch, denn zum einen sind thematische Neuerungen vielfach an Zeitumstände gebunden, zum anderen wäre sonst eine Zusammenstellung herausgekommen, die genauso unhistorisch wäre wie diejenige, welche die Daoismusforschung selbst vorfand, als sie begann, sich mit dem Thema zu befassen.

Fast alle älteren Transkriptionen des Chinesischen gaben den stimmhaften Anlaut des Wortes Daoismus übrigens mit einem «t» wieder (zu unterscheiden vom stimmlosen «t» des Deutschen, das in diesen Transkriptionen als «t'» markiert ist), um ihn vom weicheren «d» des Hochdeutschen und anderer europäischer Sprachen zu unterscheiden, das es im modernen Chinesischen nicht gibt. Daher findet sich in zahlreichen älteren Publikationen, aber auch in vielen neuen, die Bezeichnung «Tao» bzw. «Taoismus». Diese führt beim deutschen Leser jedoch zu Fehlartikulation. Aus diesem Grund verwendet dieses Buch durchweg das auf der Pinyin-Umschrift basierende «Dao» und folgt auch sonst Pinyin, trotz aller Schwächen, die dieses System hat.

In China ist es in den letzten Jahren zu einem regelrechten Boom des Daoismus gekommen. In Deutschland hingegen nimmt die Zahl der Spezialisten, die zu diesem und ähnlichen Themen – etwa dem hochaktuellen und immer wichtiger werdenden Konfuzianismus – Auskunft geben können, ab, ein Ergebnis der Hochschulpolitik der vergangenen zwanzig Jahre, die lange Zeit geglaubt hat, man könne Länder wie China in sogenannten «Area Studies» beschreiben, ohne sich um die historische Tiefe, die für eine echte Kenntnis komplexer Kulturen notwendig ist, noch scheren zu müssen. Möge dieses Buch das Interesse an Chinas reichen Traditionen wecken und die Einsicht dafür schaffen, dass es nicht sinnvoll sein kann, sinologische Institute aufzubauen, in denen zwar die aktuellen Wirtschaftsdaten, politischen Strukturen und sozialen Verhältnisse der VR China oder der Insel Taiwan wohlbekannt sind, ein Einblick in das chinesische Denken aber nur noch sehr rudimentär gelehrt wird.

I. Das «Dao» und seine Weiterungen

Eine Antwort auf die Frage zu geben, was Daoismus eigentlich ist, fällt noch immer schwer. Zu viele unterschiedliche Vorstellungen verbergen sich hinter diesem Begriff. Die philosophisch-daoistischen Konzepte, nach denen zahlreiche chinesische Literaten der späteren Kaiserzeit ihr Privatleben ausrichteten, gibt es heute so wie früher. An erster Stelle ist in dieser Hinsicht der berühmte Begriff des «Nicht-Handelns» zu nennen, der den kontemplativen Rückzug aus dem anstrengenden, auf die Belange des Staates ausgerichteten Leben zu beschreiben scheint, was man traditionell vor allem mit dem Konfuzianismus in Verbindung gebracht hat. Dass das Weiche am Ende das Harte besiegen wird, hat schon Bertolt Brecht von Laozi gelernt. Diese Gedanken haben indes nur wenig mit der religiösen Praxis des Daoismus zu tun, die in China vielerorts in Klöstern lebendig anzutreffen ist. Der Daoismus ist zusammen mit dem Buddhismus, dem Islam, dem Katholizismus und dem Protestantismus eine der fünf offiziell anerkannten Religionen Chinas. Doch gleichzeitig gibt es keine offiziellen Zahlen dazu, wieviele Anhänger er hat, weil sich im Gegensatz zu den anderen Religionen nur sehr schlecht definieren lässt, was einen Daoisten eigentlich ausmacht. Das hat auch mit der Entstehung des Daoismus zu tun, der ursprünglich keine einheitliche Religion, sondern ähnlich dem indischen Hinduismus ein Konglomerat aus sehr unterschiedlichen Lehren war.

Religionen erhalten ihre Namen nach unterschiedlichsten Prinzipien. Das Christentum, der Buddhismus und der Zoroastrismus zum Beispiel sind nach ihrem Gründer benannt, und dies trifft auch auf den Konfuzianismus zu, sofern man ihn als Religion bezeichnen will. Der Islam macht mit seinem Namen «Hingabe an Gott» eine programmatische Aussage. Der «Daoismus» hingegen bildet eine eigene Kategorie. Sein Name geht auf das Wort «Dao» zurück, das auf Chinesisch ursprünglich einfach «Weg» heißt und in einer ganzen Reihe von Kombinationen vorkommen kann. Unter anderem trägt auch der japanische Shintoismus mit der Silbe *tô*, der sinojapanischen Lesung von *dao*, den «Weg» in sich: In vollständiger Übersetzung heißt er «Geisterweg». Was allerdings dieser «Weg» sein soll, ist nicht leicht zu klären. Zu Eingang dieses Buches ist es deshalb nötig, sich mit dem Begriff und seinen verschiedenen Bedeutungen in der frühen chinesischen Literatur zu befassen.

Den rechten Weg zu finden, um etwas zu tun, ist ein Ziel, das sich eigentlich jede chinesische Schulrichtung gesetzt hat. Der Begriff ist in diesem Zusammenhang seinem griechischen Äquivalent, der «Methode», sehr ähnlich, die ja ebenfalls mit dem *hodos* einen «Weg» in sich trägt. Es ist durchaus nicht so, dass daoistische Texte ein Monopol auf die Verwendung des Wortes «Dao» hätten – im Gegenteil, auch in vielen konfuzianischen Texten ist die Übereinstimmung mit dem «rechten Weg», wie man es in diesem Zusammenhang wohl besser übersetzen sollte, ein Kultivierungsideal.

In den «Gesprächen des Konfuzius» beispielsweise heißt es gleich im zweiten Abschnitt des ersten Kapitels: «Der Edle kümmert sich um die Wurzel. Steht die Wurzel, dann entsteht der Weg. Kindes- und Bruderliebe, diese sind doch die Wurzel der Menschlichkeit.» (*Lunyu* 1.2) Vom rechten Weg des Vaters ist ferner die Rede, dem Folge zu leisten sei (*Lunyu* 1.11), von dem der Alten (*Lunyu* 3.16), besonders natürlich an vielen Stellen vom Weg des Konfuzius und davon, dass die Welt seit langem ohne den rechten Weg sei (*Lunyu* 3.24). Von viererlei Wegen des Edlen spricht der Text an anderer Stelle. Sie bestehen darin, im eigenen Wandel ehrfürchtig zu sein, im Dienst an anderen respektvoll, beim Nähren des Volkes gütig und beim Anstellen des Volkes gerecht (*Lunyu* 5.16). Dreierlei Dinge, so heißt es, schätze der Edle am rechten Weg, nämlich dass er in seinem Benehmen sich von Rohheit fernhalte, mit seinem Gesichtsausdruck Vertrauen einflöße und in seinen Reden Gemeinheit vermeide (*Lunyu* 8.4). Wege des Edlen, die er alle selbst nicht beherrsche, benennt Konfuzius in *Lunyu* 14.28: Als Menschlicher keine Sorge zu tragen, als Kluger sich nicht zu irren und als Tapferer sich nicht zu fürchten. «Dao» kann auch ein Tätigkeitswort sein. Es bedeutet dann «andere anleiten», und schon in den «Gesprächen des Konfuzius» taucht das Wortpaar «Weg und Tugend» auf, das den Titel des wichtigsten Patronatstextes des Daoismus, des *Daodejing* (auch: *Tao-te king*), bildet:

> Wer an der Tugend festhält, ohne weitherzig zu sein, wer auf den Weg vertraut, aber nicht ernsthaft dabei ist, wie sollte der in der Lage sein, ihn für einen Besitz oder auch für keinen zu halten? (*Lunyu* 19.2)

In all diesen Beispielen aus den «Gesprächen des Konfuzius» bis auf vielleicht das letzte besteht der Weg aus konkreten Verhaltensweisen, die der Mensch einzuüben hat und die er nicht mehr aufgibt. Voller Belegstellen für den rechten Weg ist auch das kanonische «Buch der Riten», in dem das Dao ebenfalls im Allgemeinen eine Methode bezeichnet. An einer Stelle handelt es sich gar um die «Art», wie man etwas tut: die Art der Barbaren, die von der zeremoniellen Art unterschieden wird (*Tangong* B.27). Es gibt in diesem Text sogar die Art der Vögel und der wilden Tiere, die natürlich noch schlimmer ist als die der Barbaren. Eine Definition des rechten Weges wagt das Kapitel «Maß und Mitte» (*Zhongyong*), dessen zentraler Gegenstand der Weg ist: «Seinem Wesen folgen, das heißt Weg», und: «Den rechten Weg darf man nicht einen Augenblick verlassen.» Und schon das erste Kapitel des «Buchs der Riten» bringt Weg und Tugend mit den konfuzianischen Kardinaltugenden der Menschlichkeit und der Rechtlichkeit zusammen: «Weg und Tugend, Menschlichkeit und Rechtlichkeit – ohne zeremonielles Betragen werden sie nicht vollkommen.» «Dao» kommt auch im «Buch der Riten» als Verb vor und wird von einem maßgeblichen Kommentator als «über etwas reden», «etwas erörtern» erklärt.

Konfuzianische Texte sind nicht das, was der Leser am Anfang eines Buches über den Daoismus erwarten dürfte. Doch da gar nicht klar ist, ob es eine eigenständige Schulrichtung mit Namen «Daoismus» zu der Zeit, in der die zitierten Stellen entstanden, überhaupt gab – die frühesten könnten bei gewagter Datierung bis in das fünfte vorchristliche Jahrhundert zurückgehen –, ist Vergleichsmaterial notwendig, das ein Gefühl für den ursprünglichen Gehalt des Wortes «rechter Weg» vermittelt. Offenbar schillerte es zwischen der einfachen Bedeutung «Methode» und einem wie auch immer definierten moralisch korrekten Benehmen. Wer mit diesem Hintergrundwissen zum Begriff «Dao» den Anfang des zentralen daoistischen Textes schlechthin liest, nämlich das *Daodejing*, der wird vielleicht zu einem anderen Ergebnis kommen als die meisten deutschsprachigen Übersetzer, die im Folgenden aufgeführt sind und die sich zum Teil ganz darum gedrückt haben, das Wort «Dao» zu übersetzen. Letzteres war schon die Methode des ersten deutschen Übersetzers, Victor von Strauss, der 1870 schrieb:

Tao, kann es ausgesprochen werden,
Ist nicht das ewige Tao.
Der Name, kann er genannt werden,
Ist nicht der ewige Name.

Richard Wilhelm hielt sich 1911 an Goethes «Faust», der bei der Übersetzung des griechischen «Logos» recht bald auf den «Sinn» kam. Für Wilhelm kam das «Dao» wohl dem «Logos» nahe:

Der SINN, der sich aussprechen läßt,
ist nicht der ewige SINN.
Der Name, der sich nennen läßt,
ist nicht der ewige Name.

Der Sinologe Vincenz von Hundhausen dichtete:

Kann Ewig-Eines sein, was wir erkennen?
Ein Name ewig sein, mit dem wir nennen?

Rudolf Backofens gläubige Fassung, die ohne Kenntnis des Chinesischen entstand, aber immerhin nach eigener Aussage aus dem Vergleich von Übersetzungen in mehrere europäische Sprachen entstand, lautete 1949:

Das Unergründliche, das man ergründen kann,
ist nicht das unergründbar Letzte.
Der Begriff, durch den man begreifen kann,
zeugt nicht vom Unbegreiflichen.

Die wohl beste deutsche Version des Textes legte 1961 Günter Debon vor:

> Könnten wir weisen den Weg,
> Es wäre kein ewiger Weg.
> Könnten wir nennen den Namen,
> Es wäre kein ewiger Name.

Ernst Schwarz kehrte 1970 wieder zum «Dau» zurück:

> sagbar das Dau
> doch nicht das ewige Dau
> nennbar der name
> doch nicht der ewige name.

Hans-Georg Möller ließ das «Dao» ebenfalls stehen, als er sich 1995 an die erste deutsche Übersetzung einer *Daodejing*-Version aus einem altchinesischen Grab machte:

> Ein Dao –
> kann es als Dao bestimmt werden,
> ist es kein stetiges Dao.
> Ein Name –
> kann er als Name bestimmt werden,
> ist er kein stetiger Name.

Und der Philosoph Lutz Geldsetzer machte 2000, grammatikalisch bedenklich, daraus:

> Kann das Dao Dao sein, wenn es nicht das immerwährende Dao ist?
> Können Namen bezeichnen, wenn sie nicht die immerwährend-richtigen Namen sind?

Die Autoren sind fast alle sinologisch vorgebildet. Bei der Suche nach der Bedeutung von «Dao» wurde die weitaus größere Zahl von autodidaktischen Übersetzern, denen das chinesische Original nicht zugänglich war, bewusst vernachlässigt. Günther Debon ist der einzige deutsche Übersetzer, der es wagte, «Dao» als das zu übersetzen, was es heißt, nämlich als «Weg». Doch sogar in seiner Übersetzung wird dem «Weg» wohl mehr zugeschrieben, als ihm ursprünglich inhaltlich zukommen sollte: Frühe chinesische Leser könnten möglicherweise verstanden haben, dass

> Eine Methode oder Regel, die man erörtern oder beibringen kann, nie eine allgemeingültige Methode sein kann, und ein Name, den man als Namen aussprechen kann, kein Name, der dauerhaften Bestand hat, [da sich nämlich alle Dinge ändern].

Der Ursprung des Begriffs «Dao» wurde relativ ausführlich erläutert, da er im Raum der europäischen Sprachen mit allerhand esoterischen Vorstellungen verbunden wurde, die für die frühe Zeit überhaupt nicht passen wollen. Diese Vorstellungen müssen aber nicht grundsätzlich falsch sein. Schon in recht früher Zeit nämlich begann das Wort «Dao» religiös aufgeladen zu werden. Viele daoistische Textsammlungen oder Traktate beginnen mit langen Definitionen des «Dao», bei denen den Autoren die Freude am poetischen, raunenden Klang ihrer Worte anzumerken ist. Auch das *Daodejing* selbst enthält Hinweise darauf, dass sein Autor den Begriff des «Dao» bewusst zu überhöhen versuchte. Dennoch ist davor zu warnen, spätere religiöse Lesungen in den frühen Daoismus hineinzuinterpretieren. Ein Beispiel sei jedoch auch für diese gegeben. Es steht am Anfang des *Huainanzi*, eines wohl in der zweiten Hälfte des zweiten vorchristlichen Jahrhunderts entstandenen daoistischen Textes von enzyklopädischer Natur:

> Wohl: Das Dao,
> Es bedeckt den Himmel und trägt die Erde,
> Es weitet die Vier Himmelsrichtungen
> Und eröffnet die Acht Kardinalpunkte.
> Hoch ist es nicht zu erreichen,
> Und tief nicht zu ermessen.
> Hüllt ein Himmel und Erde,
> Gibt dem Anlage, was ohne Gestalt.
> In den Ebenen strömt es, Quellen gleich stürzt es,
> Ergießt sich, wird allmählich voll,
> Gluckernd, gleitend,
> Schmutzig, wird langsam rein.
> Daher:
> Pflanzt man es auf, dann füllt es den Raum zwischen Himmel und Erde,

Stellt man es quer, dann webt es zwischen den Vier Meeren,
Läßt man es wirken, dann ist es ohne Ende und ohne Morgen und Abend.
Rollt man es aus, dann bedeckt es die Sechs Zeitenbünde des Jahres,
Rollt man es ein, dann füllt es nicht einmal eine geballte Faust.
Zusammengezogen kann es sich ausdehnen,
Dunkel kann es hell werden,
Schwach kann es erstarken,
Weich kann es erhärten.
Quer in den Vier Webpunkten hält es Yin und Yang im Munde,
Durchmißt das All und läßt die Drei Himmelsleuchten strahlen.
Sehr dick und zäh, sehr fein und unscheinbar,
Sind die Berge durch es hoch und die Abgründe durch es tief.
Die Tiere gehen aufgrund seiner, die Vögel fliegen aufgrund seiner.
Sonne und Mond leuchten aufgrund seiner, die Gestirne ziehen aufgrund seiner ihre Bahn.
Das Einhorn jagt aufgrund seiner, der Phönix aufgrund seiner schwebt.

Und dann folgt die Geschichte des frühesten Altertums, in dem erhabene Herrscher diesen Weg erfassten und durch ihn zum Wohle der Welt regierten. Das «Dao» ist hier kein einfacher «rechter Weg» mehr, es ist vielmehr längst zum Seinsgrund geworden. Texte wie das *Huainanzi* waren die Voraussetzung dafür, dass sich der Daoismus zu einer Religion entwickeln konnte. In der Tat haben christliche Sinologen «Dao» nicht selten mit «Gott» übersetzt. Sie sind damit in Übereinstimmung mit einer späteren Praxis daoistischer Texte, in denen das «Dao» selbst göttliche Worte spricht, wenn es auch von heutigen Wissenschaftlern mit Laozi, dem Autor des *Daodejing*, identifiziert wird. Doch dies braucht uns noch nicht zu beschäftigen. Denn nun sollen zunächst die Anfänge des Daoismus dargestellt werden, in denen das «Dao» offenbar noch recht praktischer Natur war.

2. Laozi und die Anfänge des Daoismus

Jede Darstellung des Daoismus hat mit dem *Daodejing* zu beginnen, seinem vermutlich frühesten Text. Die chinesische Tradition schreibt ihn einem Gründervater Laozi zu, um dessen Leben sich zahlreiche Legenden ranken. Die erste Biographie des Laozi steht in den um das Jahr 100 v. Chr. vollendeten «Aufzeichnungen des Schreibers (*Shiji*)» des Sima Qian (145? – ca. 87 v. Chr.). Dieser berichtet, dass Laozi aus einem im damaligen Südchina gelegenen Ort stammte. Sein Nachname sei Li gewesen und sein Vorname Er, was «Ohr» bedeutet. Auch der historisch verbürgte Mannesname, ein von Freunden und Verwandten benutzter Zweitname, deutet auf die Ohren hin: «Dan» bedeutet nämlich «Langohr». Dies ist interessant, weil die langen Ohren ein aus der Ikonographie hinreichend bekanntes Merkmal des Buddha sind. Sie gehören zu dessen 32 körperlichen Merkmalen und symbolisieren seine Lebenskraft. Vor Sima Qian war der Nachname des Laozi offenbar nicht bekannt. In frühen Texten wird er regelmäßig als Lao Dan bezeichnet. Dies hat dazu geführt, dass Teile der Tradition den Namen Lao, der nichts anderes als «alt» bedeutet, als Nachnamen verstanden und so aus dem «Alten Meister» einen «Meister Lao» gemacht haben.

Wir wissen über Laozi nicht viel, und die Biographie des Sima Qian hat offenbar Legendencharakter. Sie schreibt dem Laozi zuallererst das Amt eines Schreibers in den Archiven der Zhou-Dynastie zu, um dann fortzufahren, dass Konfuzius sich in jungen Jahren bei ihm über die Riten der Zhou informierte. Dieser Sachverhalt scheint den späteren Laozi-Traditionen und auch einer offenbar polemischen Stelle im 38. Kapitel des *Daodejing*, in dem Riten als Produkt einer Verfallszeit genannt sind, zuwiderzulaufen. Indessen ist die daoistische Religion natürlich von zahlreichen Ritualen geprägt, so dass die Beschäftigung des Laozi mit Riten auch nicht zu sehr überraschen muss. In der dazugehörigen

Laozi (auf dem Podest) unterweist den Konfuzius.

Anekdote, die sowohl in der daoistischen als auch in der konfuzianischen Tradition in zahlreichen unterschiedlichen Versionen erzählt worden ist, tritt Laozi als Lehrer des Konfuzius auf, der ihm den Rat gibt, seine Arroganz und seine liederlichen Gedanken abzulegen. Konfuzius akzeptiert diesen Rat mit hohem Respekt.

Laozi habe, so heißt es bei Sima Qian weiter, «Weg und Tugend» kultiviert. Seine Lehre ziele auf den Rückzug aus der Gesellschaft ab und darauf, dass man sich keinen Namen machen solle. Nachdem er erkannt habe, dass der Staat der herrschenden Zhou-Dynastie sich im Niedergang befand, habe er beschlossen,

Laozi erreicht mit seinem Ochsenwagen den Hangu-Pass.

ihn zu verlassen – ganz anders als Konfuzius, der versuchte, den Verfall durch seine Lehren aufzuhalten. Laozi sei aber auf seiner Reise an einem Grenzpass angelangt, wo ihn der Wächter aufforderte, für ihn seine Lehre in einem Buch niederzulegen. Dann erst wolle er ihn hinauslassen. Daraufhin habe Laozi ein Buch in zwei Kapiteln verfasst, in dem er in etwas über 5000 Worten den Sinn von Weg und Tugend darlegte. Dann sei er von dannen gezogen, und niemand wisse, wo er gestorben sei. Jedoch sei er über 160 Jahre alt geworden oder gar über 200 Jahre, weil er sich gut auf Lebensverlängerungstechniken verstand.

Die Daten über die frühe Lebenszeit des Laozi sind also mehr als dunkel. Doch Sima Qian schließt noch einige Bemerkungen über Zeiten an, für die er mehr Anspruch auf Authentizität erheben kann. Im Jahr 350 v. Chr. habe der Hauptschreiber Dan in der Hauptstadt der zentralen Zhou-Dynastie die Prophezeiung gemacht, dass die Qin-Dynastie die Zhou ablösen werde, und manche Stimmen meinten, dieser Dan sei eben Laozi gewesen. Sima Qian erwähnt auch den Namen des Sohnes von Laozi, eines Generals aus Wei, einem Staat, der nominell den Zhou unterstellt war, in Wahrheit aber wahrscheinlich einfach nur benachbart. Aufgrund seiner militärischen Verdienste sei dieser General mit einem Ort namens Duangan belehnt worden. Eine Familie Duangan wiederum, die offenbar hier ein Lehen hatte und deshalb den Ortsnamen zu ihrem Familiennamen machte, ist für die Zeit des vierten vorchristlichen Jahrhunderts auch in anderen Quellen belegt. In dieser Zeit fangen wir hinsichtlich der Person des Laozi zum ersten Mal an, festeren Boden unter den Füßen zu gewinnen. Die 31. Strophe des *Daodejing* beginnt mit den Versen:

> Wohl! Eben weil die Waffen Geräte des Unheils sind
> Und die Wesen sie hassen,
> Darum weilt, wer den Weg hat,
> Nicht in ihrer Nähe ...
> Waffen sind Geräte des Unheils,
> Keine Geräte des Edelmanns.
> Nur wenn er nicht umhin kann, gebraucht er sie.
> (Übers. Günther Debon)

Doch findet sich der gleiche Satz in vielen anderen Texten der alten chinesischen Tradition, unter anderem auch in den ältesten Schriften der chinesischen Militärklassiker. Diese sind, vielleicht für manchen überraschend, auf vielerlei Art mit der daoistischen Tradition verwoben. Ein chinesischer Beobachter des zwanzigsten Jahrhunderts stellt deshalb fest: «Die daoistische und die militärtheoretische Tradition berühren einander.» Insofern entspricht die Nachricht, dass der Sohn des Laozi General war, den Befunden der Texte recht gut. «Dao» und Militär: Das mag europäische Daoismusfreunde der Neuzeit, die sich von Laozi eher

Esoterisches erwarten, überraschen. Doch im alten China gingen diese beiden Dinge Hand in Hand.

Die Tatsache, dass der Sohn des Laozi im vierten Jahrhundert v. Chr. gelebt haben soll, entspricht recht genau den Ergebnissen der Textforschung, die aufgrund sprachlicher Kriterien seit langem der Auffassung ist, dass der Laozi-Text in etwa auf die Mitte des vierten vorchristlichen Jahrhunderts zu datieren sei. Zwei spektakuläre Textfunde, welche die chinesische Archäologie aus Gräbern des beginnenden zweiten vorchristlichen Jahrhunderts geborgen hat sowie später aus einem Grab, das auf die Zeit um 300 v. Chr. datiert wird, scheinen diese Datierung weiter zu bestätigen. Im südchinesischen Mawangdui, wo im Dezember 1973 ein Grab geöffnet wurde, dessen Schließung auf das Jahr 168 v. Chr. datiert wird, fand man nämlich gleich zwei Fassungen des *Daodejing*, die zwar zahlreiche Abweichungen vom traditionell überlieferten *Daodejing* aufweisen und bei denen die Reihenfolge der beiden Kapitel vertauscht ist, die aber ansonsten den überlieferten Text für dieses frühe Datum weitgehend bestätigen. Drei 1993 entdeckte Textrollen aus Guodian in der mittelchinesischen Provinz Hubei weisen im Gegensatz zu den überlieferten Textfassungen keine Kapitelunterteilung auf. In dem Text, der etwa zwei Fünftel des bekannten Laozi-Textes enthält, dafür aber weitere Sprüche aufweist, die sich im traditionell überlieferten Text nicht finden, ist auch die Reihenfolge der einzelnen Kapitel anders als bisher bekannt. Dies scheint auf den ersten Blick denjenigen recht zu geben, die im zwanzigsten Jahrhundert die These aufgestellt haben, das *Daodejing* sei ursprünglich eine autorlose Spruchsammlung gewesen und die Zuschreibung an Laozi nur eine fromme Legende. Indessen ist, selbst wenn viele der Verse des *Daodejing* Spruchgut gewesen sein sollten, nicht auszuschließen, dass Laozi ein genialer Kompilator und damit eben doch Autor des Textes war.

In seiner tradierten Form umfasst das *Daodejing* 81 Kapitel oder Abschnitte, die eine oder mehrere Strophen enthalten, die wiederum aus einer unterschiedlichen Zahl an großenteils gereimten Versen bestehen. Die ersten 37 Kapitel bilden das erste, die folgenden 44 Kapitel das zweite Buch. Dass diese Einteilung nicht selbstverständlich ist, wissen wir nicht erst seit den Textfunden des ausgehenden zwanzigsten Jahrhunderts. Wir verfügen über einen wohl aus der Han-Zeit stammenden, nur zur Hälfte überlieferten frühen Kommentar, bei dem der Haupttext offenbar auf 72 Abschnitte verteilt war. Ein weiterer Kommentar, der allerdings nur für das erste Kapitel erhalten ist, unterteilte das *Daodejing* überhaupt nicht, sondern las es als fortlaufenden Text.

Die Inhalte der Lehre des Laozi fasst Sima Qian in wenigen Worten zusammen: Li Er habe «nicht gehandelt *wu wei* und sich selbst transformiert, er war klar und still und stellte sich selbst richtig.» Damit sind bereits einige zentrale Schlagworte genannt, die mit den Inhalten des Daoismus auch in späteren Zeiten untrennbar verbunden blieben. Dabei ist der Text des *Daodejing* in seiner Formelhaftigkeit an vielen Stellen schwer verständlich. Schon in der ersten Strophe zum Beispiel hat der Leser größte Schwierigkeiten, zu verstehen, was gemeint ist. Nach dem oben bereits zitierten Eingangspassus über den Weg und die Namen geht es nämlich weiter mit den Versen:

> Was ohne Namen, ist Anfang von Himmel und Erde
> Was Namen hat, ist Mutter den zehntausend Wesen.

Das mag man noch verstehen: Himmel und Erde sind gestalthaft und haben einen Namen – sie könnten es sein, die den Dingen wie eine Mutter sind. Doch dann heißt es:

> Deshalb, wer ständig ohne Begehren, schaut dadurch ihre Wunder
> Wer ständig hat Begehren, schaut dadurch …

Und hier folgt ein Zeichen, das so mehrdeutig ist, dass wir nicht wissen, was es wirklich heißen soll. Fast alle Übersetzer haben es mit «Rand» oder «Saum» wiedergegeben. Dies hieße, dass die Begierden kritisiert werden, wie es in späterer daoistischer Literatur der Fall ist: «Der schaut nur den Saum, aber nicht das Wahre.» Doch im *Daodejing* ist die Sache durchaus nicht klar. Die frühesten Kommentatoren haben das Wort umschrieben als «das, worauf es hinausläuft», haben also genau das Gegenteil verstanden, nämlich, dass man mit Hilfe der «Begierden» sehr wohl das Wesentliche erkennen könne. Der Haupttext fährt fort: «Diese Beiden treten zusammen hervor. Gemeinsam nennen wir sie dunkel. Das Dunkle vom Dunklen, das ist die Pforte aller Wunder.» Es könnte gemeint sein, dass Begierdelosigkeit und Begierde zwei Seiten derselben Medaille sind: Die eine erlaubt, kontemplativ das Wunder des Ursprungs der Dinge zu schauen, die andere führt dazu, dass man durch persönliches Teilnehmen sieht, wo sie enden.

Die «Mutter», die im ersten Kapitel schon angesprochen ist, taucht übrigens im *Daodejing* vielerorts auf. Das 20. Kapitel spricht vom ausgelassenen Treiben der Menschen und setzt dagegen ein «Ich», das anders ist als die Anderen, weil es die «nährende Mutter» verehrt – oder aber «es schätzt, sich an der Mutter zu nähren», oder gar «sie selbst zu nähren». Es nimmt am Treiben der Anderen nicht teil. Im 25. Kapitel, das sich offenbar der literarischen Form des Rätsels bedient, wird das Geheimnis gelüftet, wer die Mutter ist:

> Es ist ein Ding, ungestalt vollkommen
> Geboren vor Himmel und Erden;
> Still, einsam,
> Steht allein, unwandelbar;
> Geht im Kreis und wanket nicht –
> Man könnte sagen: die Mutter der Welt.
> Ich weiß keinen Namen dafür;
> Ich gebe ihm den Großjährigkeitsnamen: Weg,
> und notgedrungen mache ich ihm einen Rufnamen:
> Groß (Übers. Ulrich Unger).

Der Weg also, der so groß ist, dass man ihn eigentlich nicht benennen kann – das 32. Kapitel sagt über ihn gar, er sei beständig ohne Namen –, die Mutter? Das 52. Kapitel schreibt: «Alles unter dem Himmel hat einen Anfang/wir halten ihn für die Mutter von allem unter dem Himmel.» Und das 59. Kapitel sagt gar: «Wer die Mutter des Staates hat/Der kann lang überdauern.» Hier Reste eines ursprünglichen chinesischen Matriarchats herauslesen zu wollen, wie dies verschiedentlich getan wurde, auch weil im besonders unverständlichen sechsten Kapitel einmal vom «Dunklen Weiblichen» die Rede ist, das geht sicher zu weit. Die nährende Mutter ist wohl tatsächlich der rechte Weg, über den es an einer Stelle heißt, man mache ihn erst vollkommen, wenn man ihn beschreite – der Weg ist das Ziel. Wir erinnern uns allerdings, dass im ersten Kapitel des *Daodejing* die Mutter nur an zweiter Stelle dessen genannt wurde, was Ursprung aller Dinge ist. Sie ist die, die bereits einen Namen hat, während das Namenlose noch vor Himmel und Erde stand. Interessanterweise endet das 25. Kapitel, in dem ja geoffenbart wurde, dass der Name «Weg» eigentlich nur eine Behelfslösung ist, mit den Worten:

> Der Mensch nimmt sich die Erde zum Vorbild, die Erde nimmt sich den Himmel zum Vorbild, der Himmel nimmt sich den Weg zum Vorbild, der Weg nimmt sich das «Von selbst Seiende» zum Vorbild.

Ganz in Übereinstimmung mit dem ersten Kapitel erweist sich hier, dass der Weg selbst eben nicht der Urgrund aller Dinge ist. Vor ihm steht eine weitere Kategorie, nämlich das «Von Selbst Seiende» *ziran*, das im modernen Chinesischen den Naturbegriff bildet. Diese erste Kategorie wird im *Daodejing* aus mehreren Blickwinkeln beleuchtet: Das Volk meint in Kapitel 17, der Herrscher, der mit Hilfe des Weges regiert, habe alles so gelassen, wie es von selbst war. Im 51. Kapitel ist davon die Rede, dass da, wo der Weg geehrt und die Tugend geschätzt werde, Herrschaft sich «von selbst» vollziehen könne, ohne dass befohlen werde. Der weise Herrscher, so das 64. Kapitel, wage nicht, selbst zu tun, sondern er helfe nur den zehntausend Wesen bei ihrem «Von Selbst Sein».

Das führt zur Person des «Weisen», der schon im zweiten Kapitel auftritt. Dieser ist in späterer Zeit als das Kultivierungsideal des Laozi angesehen worden, das für alle Menschen gleichermaßen gelten kann. Doch spricht Vieles dafür, dass mit dem Weisen ursprünglich ein Herrscher gemeint ist, oder vielleicht gar der eine Herrscher, der Alles unter dem Himmel regiert. Er ist es, der an dem Text lernen soll, wie das Reich richtig beherrscht wird. «Er weilt im Dienst des Nicht-Handelns», und er «führt die Lehre des Nicht-Redens durch». Was das heißt, ist aus diesen Sätzen nicht zu entnehmen, doch heißt es im dritten Kapitel, dass er die «Klugen dazu bringt, dass sie nicht wagen zu tun.

Er macht das Nicht-Tun, und nichts ist, das nicht geordnet wäre.» Seine Regierung besteht darin, die Herzen, in denen Pläne gehegt werden, zu leeren und stattdessen die Bäuche zu füllen, den Willen der Starken zu schwächen und dafür ihre Knochen, mit denen sie arbeiten, zu stärken. Eine Regierung führt er also, die dem Volke zugutekommt, indem sie die Mächtigen im Staat zur Ruhe zwingt.

Im zehnten Kapitel ist erneut vom Nicht-Handeln die Rede:

Tragen die Leibseele, Das Eine umfangen:
Vermagst dies Du nicht zu verlassen?
Den Odem sammeln und das Weiche herbeiführen:
Vermagst wie ein Säugling Du sein?
Hinausspülend und dunkel schauend:
Vermagst ohne Makel Du sein?
Das Volk schonend den Staat regieren:
Vermagst ohne Wissen Du sein?
Die Himmelspforten öffnen und schließen:
Vermagst Du ein Weibchen zu sein?
Alle Vier Himmelsrichtungen verstehend:
Vermagst ohne Handeln Du sein?
Bring es hervor, hüte es:
Hervorbringen und nicht besitzen,
Handeln und nicht sich darauf stützen,
Vorstehen und doch nicht beherrschen:
Das heißt dunkle Tugend.

Auch hier ist mit dem Nicht-Handeln deutlich eine Herrschertugend gemeint, anscheinend diejenige, die sehr wohl handeln, aber dann auch loslassen kann. Der Herrscher leert sich also selbst, er sorgt dafür, dass in seinem Inneren keine parteiischen Bestrebungen sein können. Im 37. und auch im 48. Kapitel heißt es, dass der rechte Weg es vermag, beständig ohne Tun zu sein, und dass doch nichts ist, das ungetan bliebe. Der Text rät den Königen und Fürsten, es ebenso zu tun, dann würden die Dinge sich von selbst bessern. Und im 43. Kapitel wird erneut auf das höchst Weiche verwiesen, welches das Harte besiegt, woher wir wissen, dass das Nicht-Handeln nützlich ist. In den späteren Kapiteln, die an manchen Stellen fast wie Kommentare zu den Aussagen der früheren wirken, wird der Satz noch zweimal dem

Weisen zugeschrieben: Der Weise sagt: «Ich handele nicht, doch das Volk bessert sich von selbst.» (57) Deshalb:

> Weil der Weise nicht handelt, deshalb verdirbt er nichts,
> weil er nichts festhält, deshalb verliert er nichts.
> Wenn das Volk seinen Geschäften nachgeht, dann verdirbt es sie oft, wenn es sie fast vollendet hat.
> Achtet man auf das Ende wie auf den Anfang, dann verdirbt man die Angelegenheiten nicht.
> Daher begehrt der Weise das Nicht-Begehren und schätzt schwer zu erlangende Güter nicht hoch. (64)

Wie Sima Qian sagt, ist das Nicht-Handeln also ganz präsent im *Daodejing*.

> Ohne vor die Tür zu treten das Reich kennen, ohne durch's Fenster zu schauen den Weg des Himmels sehen: Je weiter man hinausgeht, desto weniger weiß man. Daher geht der Weise nicht und weiß doch, er sieht nicht und kann doch [die Dinge] bezeichnen, er tut nicht und vollendet doch. (47)

Um seine Herangehensweise zu verdeutlichen, scheut Laozi vor Polemik nicht zurück. Besonders die konfuzianischen Ideale sind Gegenstand seiner Angriffe:

> Wenn der große Weg ist aufgegeben,
> Gibt es «Menschlichkeit und Rechtlichkeit».
> Wenn Klugheit sich und Findigkeit erheben,
> Ist auch das Große Fälschen nicht mehr weit.
> Wenn die Sechs Blutsverwandten nicht in Einklang leben,
> Gibt es Kindesliebe und elterliche Güte.
> Wenn der Staat umnachtet und in Aufruhr ist,
> gibt es den treuen Untertan.

«Menschlichkeit und Rechtlichkeit», «Klugheit und Findigkeit», «Kindesliebe und elterliche Güte», «treue Untertanen», all dies sind Tugenden, die der Konfuzianismus propagiert. Laozi jedoch erklärt sie zu Produkten einer Zeit des Verfalls, da der «große Weg» aufgegeben ist.

Der früheste Kommentar zum *Daodejing* steht übrigens im

Buch eines philosophischen Beraters, des Han Fei, der in China traditionell der legalistischen Lehre zugeordnet worden ist, derjenigen unter den philosophischen Schulen des chinesischen Altertums, die mit der Herrschaft des Reichseinigers Qin Shihuang Di (Erster Erhabener Kaiser von Qin) verbunden wird. Dieser ist bekannt und berüchtigt für die Durchsetzung der Idee vom bürokratischen Staat und für seine rigide und autokratische Herrschaftsführung, die er mit den Gedanken des Legalismus begründete. Die Einstufung des Han Fei als eines legalistischen Autors geht auf Sima Qian zurück, der dem Han Fei im selben Kapitel seines Geschichtswerkes wie dem Laozi eine kurze Biographie gewidmet und schon damit einen Zusammenhang zwischen beiden Denkern hergestellt hat. Zu Beginn dieses Textes sagt Sima Qian, dass Han Fei sich mit Gesetzeskünsten beschäftigt habe, ergänzt allerdings, dass seine Ziele in den Lehren von «Huang und Lao» gründeten. Der Begriff *Huang-Lao* soll an dieser Stelle noch nicht ausführlich betrachtet, sondern nur kurz gestreift werden. *Huang* bedeutet «gelb», und die gängigste Erklärung des Begriffs ist, dass er für den Namen des Gelben Kaisers stehe, einer mythischen Person, die uns seit dem dritten vorchristlichen Jahrhundert in verschiedenen Texten als erster Herrscher Chinas begegnet. *Lao* wiederum steht sicherlich für Laozi. Han Fei war ein Prinz aus dem zentralchinesischen Staat Han, der Sima Qian zufolge bei Xun Qing, dem wichtigsten konfuzianischen Philosophen des dritten Jahrhunderts v. Chr., studierte und später mit seinen Schriften den König von Qin und späteren Ersten Kaiser der Qin-Dynastie beeindruckte, der im Jahr 221 das zersplitterte Reich einen konnte. Dieser wiederum hatte einen Berater, der ebenfalls bei Xun Qing gelernt hatte und zum Architekten der erwähnten legalistischen Maßnahmen des Ersten Kaisers werden sollte.

Diese Angaben sind von einiger Bedeutung, denn sie zeigen, dass die erste Kommentierung des *Daodejing* im Umfeld einer Staatslehre entstand, die in China jahrtausendelang als grausam und brutal verschrien war, auch wenn dieses Urteil dem Han Fei möglicherweise Unrecht getan hat. In seinem 55 Kapitel umfassenden Werk finden sich jedenfalls zwei Kapitel, die dem

Daodejing gewidmet sind. Sie tragen die Überschriften «Erklärungen zum Laozi» und «Anekdoten zum Laozi». In «Erklärungen zum Laozi» sind Sprüche aus 10 Kapiteln des Laozi gedeutet, von denen 8 aus dem zweiten Buch stammen und nur 2 aus dem ersten. Immerhin findet sich hier zum Beispiel eine Erklärung zum oben bereits erörterten Eingangssatz des Textes. Han Fei erläutert dazu, dass konkrete Dinge nicht beständig seien. Das Beständige lasse sich mit den Kategorien der Dinge nicht messen und sei deshalb etwas, das nicht erörtert (*dao*) werden könne. Erst nachdem der Weise die obskure Leere des Ewigen geschaut habe, das Han Fei zuvor mit der Unvergänglichkeit von Himmel und Erde in Zusammenhang bringt, habe er ihm den Namen «Weg», oder vielleicht besser «Kreislauf» aufgezwungen, um darüber reden zu können. Daher heiße es: «Ein Weg, über den man reden kann, ist nicht der ewige Weg.» Dieser Erklärung zufolge ist «Weg» natürlich selbst bereits eine Interpretation des Ewigen und damit eben nicht mehr ewig.

Doch die legalistische Auslegung des Han Fei lässt sich vielleicht noch besser an einem anderen Beispiel erläutern. Zum 60. Kapitel des *Daodejing* schreibt Han Fei:

> Ein Meister, der zu oft sein Handwerk wechselt, bringt es ebenso wenig zu etwas, wie ein Bauer, der zu oft die Scholle wechselt. Wenn ein Mann an jedem Tag einen halben Tag vergeudet, geht in zehn Tagen die Arbeit von fünf Menschen verloren. Wenn zehntausend Männer an jedem Tag einen halben Tag vergeuden, geht in zehn Tagen die Arbeit von fünfzigtausend Menschen verloren. Je mehr Menschen also ihre Tätigkeit wechseln, umso größer ist der Schaden. Werden Gesetze und Verordnungen geändert, dann wechseln auch Nutzen und Schaden, wenn Nutzen und Schaden wechseln, dann führt das dazu, dass das Volk sich um eine Veränderung kümmert, und wenn das Volk sich um eine Veränderung kümmert, dann nennen wir das «Verändern des Werkes». Wenn man dies nach dem zugrundeliegenden Muster betrachtet, so ist es so, dass man selten Erfolg haben wird, wenn man eine große Menge in Dienst nimmt, sie aber dauernd erschüttert; und wenn man große Gefäße verbirgt, sie aber ständig an einen anderen Ort verlagert, dann werden viele zerbrechen. Brät man kleine Grundeln, dreht sie aber ständig um, dann bringt man den Koch um seinen Erfolg. Regiert man einen großen Staat, ändert aber häufig die Gesetze, dann leidet das Volk darunter. Daher wird ein Fürst, der den rechten Weg hat, Leere und

Ruhe schätzen und Gesetzesänderungen als eine gewichtige Angelegenheit behandeln, [zu der man nur in Ausnahmefällen greift]. Deshalb heißt es: «Regier' einen großen Staat/Als brietest Du kleine Grundeln.» (Laozi 60, Übers. Wilmar Mögling, leicht modifiziert)

Auch zum Kapitel «Anekdoten zu Laozi», in dem zwölf Kapitel – davon vier aus dem ersten Buch – abgehandelt sind, sei exemplarisch eine kurze Geschichte zitiert:

Baigong Sheng sann auf Aufruhr. Als die Audienz beendet war, stellte sich heraus, dass er seine Stütze [aus Versehen] verkehrt herum benutzt und mit der Spitze sein Kinn so durchbohrt hatte, dass das Blut auf den Boden geflossen war, ohne dass er es bemerkt hätte. Als man in Zheng davon hörte, sagte jemand: «Was muss er vorhaben, dass er sogar sein Kinn vergessen kann?» Daher heißt es: «Je weiter man hinausgeht, desto weniger weiß man.» Gemeint ist, dass wer mit seiner Klugheit Fernliegendes erfasst, in der Nähe etwas übersehen wird. Daher machte der Weise sich das Reisen nicht zur Gewohnheit. Weil er alles zu wissen vermag, heißt es: «Er geht nicht und weiß doch», weil er alles sieht, deshalb heißt es: «Er sieht nicht und versteht doch.» Und weil er seine Angelegenheiten zum rechten Zeitpunkt versieht, seine Verrichtungen nach seinen Ressourcen tut, die Fähigkeiten der zehntausend Wesen nutzt, um Gewinn daraus zu ziehen, deshalb heißt es: «Er tut nicht und vollendet doch.» (Laozi 47)

In diesen frühen Kommentaren wird das *Daodejing* also ausnahmslos in einem staatlichen Zusammenhang interpretiert. Auch die Technik des Nicht-Handelns wird im *Han Fei zi* erörtert, und sie gilt dort als Voraussetzung für die richtige Regierung des Fürsten. Diese Sichtweise ist zu einem wichtigen Strang der Laozideutung geworden, der sich bis zum Ende des Kaiserreiches durchzieht. Doch sollten sich ab dem ersten Jahrhundert nach Christus auch andere Auslegungen herausbilden, welche dem *Daodejing* neue Schattierungen hinzufügten. Bevor wir uns diesen späteren Entwicklungen des Daoismus zuwenden, gilt es zunächst, auf den zweiten großen Grundtext des Daoismus einzugehen.

3. *Zhuangzi* und der literarische Daoismus

Auch über Zhuang Zhou, den zweiten großen Philosophen des Daoismus in der Zeit der chinesischen Klassik, stammt unser Wissen aus dem Geschichtswerk des Sima Qian. Dieser berichtet, dass Zhuang Zhou ein Mann aus dem Staat Song war, einer Gegend, die knapp südlich der Südgrenze der heutigen Provinz Shandong in Hebei lag. Aus Song waren ursprünglich auch die Vorfahren des Konfuzius gekommen, und das Land galt als Stammgebiet der Nachfahren der Shang-Dynastie, so dass ehrwürdige Zeremonien dort besonders verbreitet waren. Zhuang Zhou soll ein Beamter in einer der Städte der Gegend gewesen sein und von der Mitte des vierten bis zum Beginn des dritten vorchristlichen Jahrhunderts gelebt haben. Ein König habe den Zhuang Zhou zum Kanzler machen wollen, doch habe dieser abgelehnt und den Gesandten des Königs ausgelacht mit den Worten:

> Tausend Stücke Goldes sind ein wertvoller Gewinn. Die Position des Ministers oder Kanzlers ist ehrwürdig. Doch haben Sie etwa nicht die Rinder beim Himmelsopfer auf dem Anger gesehen? Sie werden für einige Jahre genährt. Dann werden sie in Brokatgewänder gekleidet und so in den großen Tempel geführt. Selbst wenn sie dann gerne nur ein kleines Ferkel wären, können sie das nicht mehr erlangen. Geht und beschmutzt mich nicht! Ich gehe doch lieber in einem kleinen Kanal baden, um meinen Spaß zu haben, und lasse mich nicht von einem Landesherrn in Zucht nehmen. Mein ganzes Leben werde ich kein Amt mehr annehmen und so meinen Sinn erfreuen!

Sima Qian berichtet, dass Zhuang Zhou umfassend studiert habe, seine zentralen Gedanken aber auf die Worte des Laozi zurückgingen. Er soll ein umfangreiches Werk verfasst haben, in dem er sich einer allegorischen Methode bediente – eine Aussage, die durchaus mit dem heutigen Textbefund übereinstimmt. Auch nennt Sima Qian drei Kapitel, deren Text wir heute nachlesen können, in denen Zhuang Zhou den Konfuzius verspottet habe, um auf diese Weise die Künste des Laozi zu erhellen. Das passt ebenfalls zu dem Text des «Meisters Zhuang» (*Zhuangzi*), der uns überliefert ist. Trotzdem stellt sich die Frage, ob Sima Qian denselben Text des Zhuang Zhou gesehen hat, den wir kennen und der heute einfach *Zhuangzi* heißt. Wir wissen aus einer bibliographischen Angabe in der Dynastiegeschichte der Früheren Han-Dynastie (206 v. Chr. – 8 n. Chr.), dass sich im ersten vorchristlichen Jahrhundert in der Palastbibliothek der Han ein Text des Zhuang Zhou im Umfang von 52 Kapiteln befunden haben muss. Das uns vorliegende *Zhuangzi* besteht allerdings nur aus 33 Kapiteln. Nun ist die Kapitelzahl bei alten Texten immer höchst instabil gewesen, so dass es theoretisch möglich wäre, dass die 52 alten Kapitel mit den 33 heutigen Kapiteln inhaltlich identisch sind. Doch ist offensichtlich, dass sich die Abfassung des heute bekannten Textes über mehrere Jahrhunderte erstreckt haben muss. Die Forschung geht allgemein davon aus, dass die ersten 7 Kapitel, welchen die Tradition den Namen «Innere Kapitel» *nei pian* gegeben hat, tatsächlich auf die Zeit des Zhuang Zhou zurückgehen, dass aber die restlichen Stücke über einen längeren Zeitraum, der bis ins zweite oder sogar bis ins erste vorchristliche Jahrhundert reicht, entstanden sein dürften.

Seine heutige Gestalt erhielt der Gesamttext durch den Kommentar des Guo Xiang (gest. 321 n. Chr.), der zu einer Zeit lebte, als sich der Buddhismus schon seit mehreren Jahrhunderten in China ausbreiten konnte. Seine Kommentierung ist an einigen Stellen deutlich von buddhistischen Gedanken beeinflusst, und es ist nicht auszuschließen, dass diese Gedanken auch in den Haupttext mit eingeflossen sind, der an vielen Stellen Thesen vertritt, die im chinesischen Altertum sonst nicht wiederzufinden sind. Sogar die als früh angesehenen «Inneren Kapitel» könnten von solchen Einflüssen durchdrungen sein, so dass es ausgesprochen fragwürdig erscheint, das *Zhuangzi* tatsächlich als reinen Ausdruck eines vorkaiserzeitlichen Daoismus zu akzeptieren, zumal der Text außerhalb der vagen Angaben, die Sima Qian macht, in der Zeit vor Guo Xiang im Gegensatz zu vielen anderen klassischen Werken so gut wie gar nicht zitiert wird. Dies ist indes nicht von Bedeutung für die Wirkung, die das *Zhuangzi* innerhalb der daoistischen Tradition gehabt hat: Für deren Hauptvertreter handelte es sich immer um das Werk des Philosophen Zhuang Zhou.

Das erste und das zweite dieser sieben Kapitel sind ausgesprochen schwierige Texte. Charakteristisch sind die Gleichnisse aus der Tierwelt, in denen die Relativität des erfahrbaren Wissens thematisiert wird, gleichzeitig aber auch die Fragwürdigkeit des Strebens nach Großem. Das vielleicht berühmteste Beispiel für diese Haltung ist das Gleichnis vom Frosch, der am Grund eines Brunnens sitzend einer Riesenschildkröte die Vorzüge seines Reiches anpreist, nur um dann von dieser über die Größe des Ostmeeres belehrt zu werden. Von Heiligen ist ferner die Rede, welche sich von Wind und Eis nähren und in Welten jenseits der Welt fliegen. Auch tritt gleich im ersten Kapitel Meister Hui auf, der Lieblingsgesprächspartner des Zhuangzi, der für seine sprachphilosophischen Ideen bekannt ist. Gedankenspiele über die Sprache finden wir vor allem im zweiten Kapitel, das wohl das komplizierteste und heterogenste des ganzen Werkes ist. Es ist interessant, festzustellen, dass die Sprachphilosophie in engem Zusammenhang mit der Entwicklung des frühen Daoismus zu stehen scheint, denn ähnlich wie vieles andere, das in dieser Schule gedacht wurde, ist auch die Sprachphilosophie kein fruchtbarer Zweig gewesen. Er starb nach Zhuang Zhous Zeiten weitgehend ab.

Ein wichtiges Merkmal des *Zhuangzi*-Textes ist das häufige Auftreten des Konfuzius, der allerdings in sehr unterschiedlicher Form dargestellt wird: Im vierten Kapitel beispielsweise wird Konfuzius zum daoistischen Weisen, der konfuzianische Werte wie das Streben nach einem guten Namen oder nach Klugheit verwirft, während er im fünften Kapitel lächerlich gemacht wird als einer, der eben diese Werte nicht abgelegt hat. Das Streben des Konfuzius nach konventioneller Ordnung in der Welt gilt dem Text als Beleg dafür, dass er kein Vollkommener sein kann, ja sogar, dass er unter einer Strafe des Himmels leide. In Kapitel sechs lobt Konfuzius seinen Schüler Yan Hui dafür, dass er die konfuzianischen Tugenden der Menschlichkeit und Rechtlichkeit, der

Riten und der Musikalität abgelegt und einen Zustand erreicht habe, in dem er alles Nachdenken aus seinem Kopf verbannt habe und mit der «Großen Durchdringung» eins geworden sei. Er entschließt sich gar, sein Schüler zu werden. In den Kapiteln 13 und 14 sucht Konfuzius den Laozi auf und wird von ihm in mehreren Anekdoten harsch für seine Dummheit gescholten.

Bucklige, Verrückte, Zahnlose und Verkrüppelte sind die Zeugen der daoistischen Lehren. Sie stellen die Welt der Normalen infrage. Laozi tritt übrigens fast nur in den späteren Kapiteln des *Zhuangzi* auf, so dass davon auszugehen ist, dass die Inneren Kapitel weitgehend ohne Beeinflussung durch das *Daodejing* entstanden sind.

Wie im *Daodejing* so ist auch im *Zhuangzi* der Weise eine wichtige Idealgestalt. Und wie bei Laozi und in vielen anderen alten Texten auch, scheint der Weg des Weisen, auch wenn ihm unpolitische Elemente zuwachsen, vielerorts eigentlich der Weg von einigen wenigen Herrschern des Altertums und vielleicht auch noch einigen ihrer würdigsten Berater zu sein. Doch Zhuang Zhou hat mit den Figuren des «Wahren Menschen» *zhenren* und des «Vollkommenen» *zhiren* noch höhere Kategorien geschaffen, die in seinem Werk eine wichtige Rolle spielen. Der «wahre Mensch» und der «Vollkommene» sind eben nicht mehr einer politischen Rolle verpflichtet. Der wahre Mensch ist frei von Begierden und von den Zwängen, welche die Sorge um die Gesellschaft mit sich bringt. Er lebt gelassen und sieht Leben und Tod mit unerschütterlichem Gleichmut. Das Leben nämlich ist nur eine Ansammlung von *qi*, eine Art Grundsubstanz der Welt, die sich im Tod wieder zerstreut. *Qi* ist auch Atem, den es zu kultivieren gilt. Der Vollkommene weiß sein *qi* rein zu erhalten und es zu nähren. Das ist die Wurzel seines Geheimnisses – und die entsprechende Textstelle ist eine der wichtigen Quellen für die verschiedenen Praktiken zur «Nährung des Lebens», die im späteren Daoismus eine Rolle spielen sollten.

An einigen Stellen des *Zhuangzi* ist übrigens von einem «Schöpfer der Dinge» oder einem «Schöpfer der Wandlungen» die Rede. Doch wie für Laozi so ist auch für *Zhuangzi* als Letztbegründung der Begriff des «rechten Weges», des «Dao», weit wichtiger. Zweimal wird in den hinteren Kapiteln gar von «Männern des Dao» *(daoren)* gesprochen, von «Künsten des Dao» ist die Rede und von Männern, die in der Lage sind, das «Dao» bzw. den «Odem zu ziehen», eine Kunst, die als Atemtechnik beschrieben wird und die uns im Daoismus ab der Han-Zeit immer wieder begegnet. Doch der «Weg», wie er in charakteristischster Weise im *Zhuangzi* vorkommt, ist am besten in einer Anekdote des kurzen dritten Kapitels beschrieben. Dort lesen wir vom Koch Ding, der für seinen Fürsten einen Ochsen mit einer Kunstfertigkeit aufschneidet, dass der Fürst ganz begeistert ist. Da belehrt ihn Koch Ding, dass es ihm um den Weg gehe, der über einfache Kunstfertigkeit hinausgeht. Zunächst habe er nur den Ochsen gesehen, doch nun müsse er nicht einmal mehr hinschauen. Ein guter Koch wechsele sein Messer einmal im Jahr, ein mittelmäßiger einmal im Monat, doch seine eigene Klinge, die halte bereits seit neunzehn Jahren, ohne dass sie auch nur um einen Hauch schlechter geworden sei. Den Weg, so Zhuangzi, vollendet man, indem man ihn beschreitet: *dao, xing zhi er cheng* – der Weg ist das Ziel.

Wie viele andere Daoisten, so begegnet uns auch Zhuangzi hin und wieder in Gestalt eines Anglers. Der daoistische Weise, der gedankenverloren am Flussufer angelt und dabei von einem Herrscher erkannt und zu seinem Berater gemacht wird, ist ein Topos, der in mehreren Texten auftaucht. Doch das Buch *Zhuangzi* ergänzt das Bild um eine weitere Facette. Wir lesen nämlich im siebten Kapitel, wie Zhuang Zhou mit seinem Freund, dem sprachgewandten Meister Hui, auf einer Brücke über den Hao-Fluss spazierengeht und zu ihm bemerkt: «Sieh' wie lustig die Forellen aus dem Wasser herausspringen! Das ist die Freude der Fische.» Meister Hui fragt den Zhuangzi darauf, woher er denn wisse, dass sich die Fische freuen, da er selbst ja kein Fisch sei. Zhuangzi gibt zurück: «Ihr seid nicht ich, wie könnt Ihr da wissen, dass ich die Freude der Fische nicht kenne?» Meister Hui gibt zwar zu, dass er den Meister Zhuang nicht erkennen könne, weil er nicht er sei, dass aber umgekehrt auch der Meister Zhuang die Freude der Fische nicht kennen könne, da er kein Fisch sei. Zhuang Zhou wiederum antwortet mit einem

Sprachspiel: Meister Hui habe gefragt, *woher* er denn wisse, was die Freude der Fische sei, und er wisse es eben von oberhalb des Hao-Flusses.

Der «Freude der Fische» kommt nur noch eine andere Anekdote an Bekanntheit gleich: In ihr träumt Zhuang Zhou davon, er sei ein Schmetterling. Nach dem Aufwachen aber weiß er nicht mehr, ob sein Traum die Realität war oder sein Wachsein. Beide sind gute Beispiele für daoistische Weltvergnügtheit, aber auch für Weltverlorenheit, die im frühen Daoismus eine wichtige Rolle spielt. Neben diesen Anekdoten aber finden sich im *Zhuangzi* zahllose Themen, die auf die spätere Zeit verweisen, in welcher der Daoismus eng mit der Idee verbunden ist, dass Unsterblichkeit oder zumindest langes Leben durch rechte Lebensführung, vor allem aber durch bestimmte Techniken zu erlangen sei.

4. Der Huang-Lao-Daoismus: Gesetze, Regierung und Militär

Wie im *Zhuangzi*, so finden sich auch in den «Liedern des Südens» *(Chuci)*, einer Sammlung von zum großen Teil auf das dritte und zweite Jahrhundert v. Chr. zu datierenden Gesängen, denen die Forschung den Stempel des Schamanismus aufgedrückt hat, Elemente, die dem Daoismus zugeschrieben werden: Der weise Fischer, der daoistische Ratschläge zur Flucht aus der Welt gibt, oder mystische Reisen, auf denen Punkte der Welt angeflogen werden, die normalen Sterblichen unerreichbar bleiben. Allerdings bleibt fraglich, wie sehr diese Themen wirklich dem Daoismus zugeordnet werden können, wenn auch Namen einzelner Persönlichkeiten auftauchen, die später ins daoistische Pantheon aufgenommen wurden. Die *Chuci* sind nämlich als Ganzes von der konfuzianischen Tradition eingemeindet worden, welche die mystischen Reisen als verzweifelte Wanderungen des loyalen Beraters Qu Yuan deutet, der von Schmeichlern und Heuchlern vom Hofe im südlichen Staat Chu vertrieben worden war. Hinweise darauf, dass man diese Texte oder auch nur einzelne Elemente daraus vor dem zwanzigsten Jahrhundert für daoistisch gehalten haben könnte, wie dies die sinologische Literatur gerne tut, sind mehr als spärlich.

Wichtiger ist, dass im Zusammenhang mit der frühen daoistischen Tradition häufig auch der Name des Yang Zhu erwähnt wird, eines Philosophen, der als Pendant zu den Hedonisten des griechischen Altertums eingeschätzt worden ist. Yang Zhu soll so egoistisch gewesen sein, dass er nicht einmal ein Haar seines Körpers hergegeben hätte, wenn er damit die Welt hätte retten können. Auch zu Yang Zhu allerdings finden sich in der alten chinesischen Literatur kaum Aussagen, die eindeutig der Zeit vor dem Beginn des zweiten vorchristlichen Jahrhunderts zugeordnet werden können. Der *Liezi*-Text (Meister Lie), der für die daoistische Tradition nach dem *Daodejing* und dem *Zhuangzi* dritte zentrale grundlegende Text, enthält zwar ein ganzes Kapitel, das mit dem Namen des Yang Zhu überschrieben ist, doch ist sich die Forschung weitgehend darüber einig, dass das *Liezi*, anders als man dies früher geglaubt hat, nicht auf die ganz frühe Zeit zurückgeht, sondern wohl erst im dritten Jahrhundert unserer Zeitrechnung entstanden sein dürfte. Schließlich sind an daoistischen Texten aus der chinesischen Vorkaiserzeit noch einige Kapitel aus dem Konvolut *Guanzi* zu nennen, in denen zum Teil ähnliche Themen angesprochen sind wie im *Daodejing*. Das erste dieser Kapitel trägt den Titel «Technik des Herzens» (*xin shu)*. Gleich zu Beginn heißt es, das Herz nehme unter den Bestandteilen des Leibes die Stellung des Fürsten ein. Seine Aufgabe sei es, die Gliedmaßen und Körperöffnungen zu regieren. Dies könne es nur tun, wenn es Begierden fernhalte und sich unnötiger Bewegungen enthalte, die von anderen unternommen werden sollten. Denn: «Wenn die Oberen vom Weg abweichen, dann gehen die Unteren fehl in ihren Aufgaben», und «wer sich bewegt, der verliert seine Position, ..., wer ruhig ist, findet sich selbst.» Wie das *Daodejing*, so preist auch die «Technik des Herzens» den Zustand der Leere und der Ruhe und die Verhaltensweisen des «Nicht Redens und des Ohne Tuns». Ganz deutlich werden hier Selbstkultivierung, die der Langlebigkeit, vielleicht gar der Unsterblichkeit dient, und «Weg der Herrschaft» gleichgesetzt.

Die Lehren des Zou Yan, des Begründers des chinesischen Fünf-Elemente-Systems, der in der Zeit des Übergangs vom vierten zum dritten vorchristlichen Jahrhundert gelebt haben soll, standen ursprünglich nicht mit dem Daoismus in Verbindung. Anders als in der abendländischen Tradition gibt es in China zu den Elementen Feuer, Erde und Wasser nicht ein zusätzliches Element Luft, sondern die Elemente Metall und Holz. Zou Yan, dessen Ideen eher mit konfuzianischen als mit daoistischen Gedanken zusammenhängen, stellte offenbar als erster ein System von Korrelationen auf, innerhalb dessen diesen fünf Elementen verschiedenste andere Fünferreihen korrespondierten, die er im Kosmos und in der Natur des Menschen erkannte. Die Elemente werden in früher Zeit auch als «Kräfte» *(de)* bzw. «Phasen» bezeichnet, da sie aufeinander einwirken und sich in ihren Einflüssen gegenseitig ablösen. Ebenso wie der im Buch der Wandlungen (*Yijing*) formulierte Dualismus von Yin und Yang sind auch die Fünf Elemente zu zentralen Bestandteilen des späteren daoistischen Denkens geworden, obwohl sie ursprünglich nicht zu ihm gehörten.

Charakteristischstes Merkmal des Daoismus im dritten und zweiten vorchristlichen Jahrhundert ist der Zusammenhang zwischen Herrschaftspraxis und daoistischer Lehre. Der oben bereits erwähnte Sima Qian hat neben Han Fei noch eine Reihe weiterer Rechtsdenker dem Daoismus zugeordnet. Er verwendet in diesem Zusammenhang gerne die Formulierung, dass diese Denker ihre Wurzeln im Daoismus von Huang und Lao gehabt hätten, wobei Huang für den mythischen Gelben Kaiser (Huangdi) und Lao für Laozi steht. Der Gelbe Kaiser ist für Sima Qian der Urherrscher des alten China, er ist jedoch eine Gestalt, die uns erst in Texten des dritten Jahrhunderts v. Chr. zum ersten Mal in der Literatur entgegentritt. Obwohl wir nicht viel über die mit ihm in Verbindung zu bringenden Traditionen wissen, scheint ein Kult für ihn im ostchinesischen Staat Qi lokalisiert zu sein, wo zudem eine Akademie eingerichtet worden sein soll, an der sich zahlreiche der im ausgehenden vierten und im dritten vorchristlichen Jahrhundert maßgeblichen Philosophen dieser Lehre aufhielten. Über diese Jixia-Akademie ist viel geschrieben worden, obwohl wir auch über sie so gut wie nichts wissen. Ihr Name taucht in zwei Kapiteln der Aufzeichnungen des Sima Qian in einem kurzen Satz auf, ohne dass wir inhaltlich etwas über sie erführen. Dennoch glauben viele Daoismus-Forscher heute, in ihr den Beginn der Huang-Lao-Lehren sehen zu dürfen, über die indessen bislang ebenso wenig harte Fakten bekannt sind. Einzig Sima Qian erwähnt sie, und in seiner Nachfolge dann auch Ban Gu (32–92 n. Chr.), der Autor des «Buches der Han», allerdings nur in Texten, die er aus dem Werk des Sima Qian in sein eigenes übernommen hat.

Der Grund, warum wir beim Huang-Lao-Daoismus überhaupt an eine philosophisch-religiöse Lehre denken können, ist neben Erwähnungen in viel späteren Texten darin zu sehen, dass Sima Qian am Ende der Biographie eines bedeutenden Generals über einen von dessen Nachfahren, der zu Beginn des zweiten Jahrhunderts v. Chr. lebte, sagt, er habe die Lehren des Gelben Kaisers und des Laozi studiert und sei eine Berühmtheit in Qi gewesen. Sein Lehrer sei ein Mann gewesen, der nur unter dem Beinamen «Mann vom Flussufer» (Heshang gong) bekannt gewesen sei – was den Topos vom weisen daoistischen Angler aufgreift. Der Tradition ist ein Kommentar eines «Mannes vom Flussufer» zum *Daodejing* bekannt, der den Text als ein Handbuch mit Anweisungen zur Lebensverlängerung auslegt. Indes ist sich die Forschung einig, dass dieser Kommentar erst ins späte zweite nachchristliche Jahrhundert zu datieren ist. Sein Autor dürfte sich des aus den «Aufzeichnungen» des Sima Qian bekannten Namens bedient haben, um seiner Auslegung größere Autorität zu verleihen. Auf die Erwähnung des Namens des Mannes vom Flussufer lässt Sima Qian eine Genealogie daoistischer Meister folgen, deren Biographien wir aus ebenfalls erst viel später entstandenen daoistischen Heiligenlegenden kennen. Der letzte der in dieser Genealogie erwähnten Meister ist der Lehrer des Cao Can, eines Generals des Dynastiegründers der Han, der sich durch das Praktizieren des daoistischen Nicht-Handelns im Staat Qi einen Namen macht und gleichzeitig damit seinen Verzicht auf politische Ambitionen darlegt. Interessant ist natürlich, dass uns in diesem Zusammenhang gleich zweimal die enge Verbindung von daoistischen Lehren mit militärischen Tugenden entgegentritt, auf die oben schon hingewiesen wurde.

Dieselbe Kombination findet sich bei einem weiteren wichtigen Berater des Han Gaozu: Zhang Liang trifft eines Tages am Flussufer einen alten Mann, der ihn überaus merkwürdig behandelt: Er wirft seine Schuhe die Böschung hinunter und befiehlt dem Zhang Liang, sie ihm zurückzubringen. Dieser möchte den Mann erst schlagen, bedenkt dann aber, dass er es mit einem Gegenüber zu tun hat, dem er aufgrund seines Alters Respekt schuldet. Er gehorcht. Daraufhin verspricht der Mann, ihn zu unterweisen. Zweimal beschimpft der Alte den Zhang Liang, der sich redlich Mühe gibt, pünktlich zur vereinbarten Verabredung zu kommen, weil er zu spät gekommen sei. Erst beim dritten Treffen beginnt er den Unterricht, und er schenkt dem Zhang Liang die «Militärregeln des Herzogs Tai», eines Weisen der daoistischen Tradition, der in grauer Vorzeit am Flussufer vom Gründer der Zhou-Dynastie als würdig erkannt worden war. Dieses Werk trägt offenbar maßgeblich zum Sieg der Han-Dynastie über ihre Rivalen bei, und der Rat des Zhang Liang macht den selbst wenig wendigen Gaozu schließlich zum Kaiser. Bevor er den Zhang Liang verlässt, gibt der Alte noch eine Prophezeiung ab: In dreizehn Jahren werde er ihn wiedersehen, und zwar in Form eines Gelben Steines, der am Fuß eines Berges liege. Wie Cao Can, so beweist auch Zhang Liang seine Ambitionslosigkeit, indem er sagt, er wolle die Angelegenheiten der Menschen hinter sich lassen und stattdessen einem Meister Rotpinie folgen. Von diesem, so heißt es weiter, habe er gelernt, durch Übungen, die im *Zhuangzi* als «das Dao ziehen» bezeichnet werden, und durch rechte Ernährung – im daoistischen Verständnis: durch Enthaltsamkeit von Getreide – seinen Körper leicht zu machen. Als in etwas späterer Zeit das Ideal des daoistischen Genius oder Unsterblichen (*xianren*) aufkommt, da wird dieser übrigens gerne sowohl in bildlicher Darstellung als auch in der Literatur als geflügeltes Wesen bezeichnet, das schwerelos durch die Lüfte ziehen kann.

Sima Qian sagt über den Zhang Liang, dass er auf einem Bild sein Antlitz gesehen habe, das dem eines schönen Mädchens geglichen habe. Dass er das positiv meint, ist nicht anzunehmen, denn er zitiert anschließend den Konfuzius dahingehend, dass man nie jemanden aufgrund seines Aussehens beurteilen solle. Vermutlich will er damit andeuten, dass Zhang Liang trotz seiner kindlichen Züge ein überaus durchtriebener Bursche war. Für die daoistische Tradition allerdings ist die Stelle gleichzeitig ein Hinweis darauf, dass Zhang Liang die Techniken des Meisters Rotpinie so gut erlernt hatte, dass er aufhörte zu altern, ein Ideal, dem Spätere nacheiferten. Techniken des «Dao-Ziehens» lassen sich übrigens auch dem oben schon erwähnten Grabfund von Mawangdui entnehmen, in dem sich außerdem eine Reihe von Texten findet, welche die «Künste des Schlafgemachs» lehren, einer Gattung, die ebenfalls mit daoistischen Praktiken in Zusammenhang zu bringen ist. Schon aus der «Geschichte der Späteren Han» haben wir Belege für Sexualpraktiken, die anscheinend von manchen Gruppen eingeübt wurden. Beim Geschlechtsverkehr sollte der Mann sein Sperma zurückhalten, weil man glaubte, es werde dann über das Rückenmark ins Gehirn geführt und könne so dazu führen, dass er dort allmählich einen Transzendenzkern ausbilde, der ihn schließlich unsterblich mache. Der chinesische Terminus für diese Technik lautet *huan jing bu nao*: «Den Samen umkehren und das Hirn ergänzen». Vielleicht muss auch der chinesische Begriff des *jing*, der nur in einer Bedeutung «Sperma» heißt, nicht unbedingt in dieser Form übersetzt werden. Er mag eine immaterielle Essenz meinen, die durch diese Übung freigesetzt wird. Auf jeden Fall findet man heute noch in China vielerorts Darstellungen von alten Männern, die durch daoistische Unsterblichkeitspraxis eine Beule auf der Stirn ausgebildet haben, welche anzeigt, dass sie diese Lehren gut verinnerlicht haben.

In Mawangdui sind außerdem neben vielen anderen Texten auch vier Werke gefunden worden, die einem der beiden Laozi-Manuskripte direkt angehängt sind. Sie tragen die Titel «Leitendes Gesetz», «Die sechzehn Leitfäden», «Bezeichnungen» sowie «Ursprung des Dao». Diese Texte sind unmissverständlich daoistisch geprägt. Der erste beginnt überdies mit den Worten: «Der Weg bringt das Gesetz hervor.» Dies hat dazu geführt, dass manche Wissenschaftler diese Texte gerne als Ausdruck der Huang-Lao-Philosophie bezeichnen, die vor diesem Textfund für die Forschung weitgehend inexistent war, von der man aber aufgrund der Angaben des Sima Qian annehmen kann, dass eine Verbindung zwischen dem Weg und dem Gesetz für sie charakteristisch gewesen sein müsste. Der chinesische Philosophiehistoriker Tang Lan ist sogar so weit gegangen, diesen Werken den Titel «Die vier Leitfäden des Gelben Kaisers» zu geben, den wir aus dem bibliographischen Katalog des «Buchs der Han» kennen. All diese Annahmen sind jedoch spekulativ. Vorerst müssen wir uns deswegen bei einer Beschreibung auf die Angaben verlassen, die Sima Qian gemacht hat: eine Analyse des biographischen Materials zu den Personen, die er als Vertreter der Huang-Lao-Lehren der Han bezeichnet, legt letztlich nur nahe, dass er in ihnen vor allem eine politische Gruppierung sah, die sich gegen eine teure und inhumane Expansionspolitik stellte. Dieser Befund widerspricht nur vordergründig der Tatsache, dass Huang-Lao gleichzeitig in Verbindung mit dem Militär und der Militärtheorieschule steht. Es scheint nämlich so, dass die Vertreter der gebildeten Militärschule im Laufe des ersten Jahrhunderts von den Kaisern der Han immer stärker zugunsten von Generälen ohne militärtheoretische Ausbildung ausgeschaltet wurden. Daher dürfte die Annahme berechtigt sein, dass Huang-Lao für den Historiographen in erster Linie stellvertretend für eine politische Parteiung stand, die das «Nicht-Handeln» des Laozi ganz konkret als Handlungsanweisung im Konfliktfall auffasste. Dass sich Zhang Liang und Cao Can gleichzeitig in die Reihe der Ahnen daoistischer Unsterblicher einordnen lassen, war dabei wohl eher ein zufälliger Nebeneffekt als der Hauptfaktor.

Die historiographischen Quellen schreiben, dass nach Regierungsantritt des Kaisers Wu der Han (reg. 141–87 v. Chr.) bei Hofe die Konfuzianer die Oberhand gewonnen und die Huang-Lao-Beamten verdrängt hätten. In der Tat scheinen daoistische Lehren ab diesem Zeitpunkt in der offiziellen Politik kaum noch eine direkte Rolle gespielt zu haben. Stattdessen finden wir daoistische Ideale nun vor allem bei kleinen Leuten oder aber ehemals Großen, die sich aus dem öffentlichen Leben ins Eremitendasein zurückzogen und ihren Lebensunterhalt mit Wahrsagerei bestritten. Ein wichtiger Vertreter dieser Strömung ist ein Mann namens Zhuang (oder Yan) Zun, der im ersten Jahrhundert v. Chr. lebte. Auf ihn soll ein heute zur Hälfte überlieferter Kommentar zum *Daodejing* zurückgehen, der sich inhaltlich gut in die früheren politischen Auslegungen einfügt, den Text aber anders einteilt als die herkömmliche Version. Dass Zhuang Zun als «Meister Zhuang» bezeichnet wird, genau wie Zhuang Zhou, mag mehr als nur ein Zufall sein. Vielleicht haben wir hier einen Hinweis auf die Existenz einer mit Laozi verbundenen Zhuangzi-Tradition, die in einer Familie überliefert wurde.

Ein weiterer Aspekt ist für die Betrachtung des Han-zeitlichen Daoismus von Bedeutung: Kaiser Wu umgab sich mit einer Gruppe von als Magier (*fangshi*) bezeichneten Personen, die offenbar den Gelben Kaiser als einen durch magische Künste unsterblich Gewordenen verehrten und ihm nacheiferten (vgl. auch Seite 64). Als wichtigster dieser Magier gilt ein Meister Li Shaojun, dessen Name auch in späteren daoistischen Werken immer wieder auftaucht. Die historiographischen Texte der Han-Zeit unterscheiden allerdings deutlich zwischen den politisch-philosophischen Lehren der Huang-Lao-Schule und diesen Magiern, die mit Argwohn betrachtet werden. Die Übersetzung «Magier» ist wegen ihres pejorativen Klangs in der Forschung heute umstritten. Sie trifft aber recht gut, was die ersten chinesischen Autoritäten meinten, als sie den Begriff erstmals verwendeten – anders als spätere daoistische Werke sahen sie die Magier als Scharlatane an, von denen sich der Kaiser besser ferngehalten hätte. Auch an anderer Stelle ist dies ein auffälliges Phänomen: Aussagen, die in der Geschichtsschreibung offenbar kritisch gegen die Daoisten bzw. ihre Vorläufer gerichtet sind, werden in späterer Zeit von der daoistischen Tradition aufgegriffen und positiv umgedeutet. Der Hofdichter Sima Xiangru (gest. 117 v. Chr.) beispielsweise wollte den Kaiser Wu offenbar von seinen aufwendigen Reisen durch das ganze Reich abbringen, indem er ein «Prosagedicht vom Großen Mann» schrieb, in dem die Hybris einer übertriebenen

Reise dargestellt ist, auf die sich der Kaiser begibt. Doch spätere daoistische Nachahmungen nehmen das Gedicht ernst und glauben auf diese Weise, Kaiser Wu als einen der Ihren vereinnahmen zu können. Auch Dongfang Shuo, eine Art Hofnarr des Kaisers Wu, wird in dieser Weise zu einer daoistischen Lichtgestalt.

Am Hof eines Onkels des Kaisers Wu, des Königs Liu An von Huainan, entstand in dieser Zeit die erste daoistische «Summa», ein fast als daoistische Enzyklopädie zu bezeichnendes Werk, das allerdings von Ban Gu nicht der daoistischen Schule, sondern einer synkretistischen Strömung zugerechnet wird. Ban Gu lässt uns wissen, dass es ursprünglich in drei Teile zerfallen sei, nämlich wie beim *Zhuangzi* in innere und äußere sowie mittlere Kapitel. Liu An soll das Werk mit Hilfe einer großen Zahl von Magiern kompiliert und darin Techniken zur Erlangung der Unsterblichkeit, aber auch alchemistische Künste zum Herstellen von Gold und Silber propagiert haben. Diese Themen sind indessen in der heute in 21 Kapiteln überlieferten Version nicht angesprochen. Da das Werk Ban Gu zufolge 21 «Innere Kapitel» umfasste, wird heute allgemein davon ausgegangen, dass die innere und die äußere Alchemie – also die Künste für den eigenen Leib und diejenigen für den Umgang mit Mineralien, Metallen und anderen natürlichen Stoffen, die für den späteren Daoismus von herausragender Bedeutung sein sollten – in den verlorengegangenen Abschnitten abgehandelt worden sein muss. Aus dem ersten Kapitel, der «Ergründung des Dao», ist oben bereits zitiert worden. Darauf folgen unter anderem Kapitel zur Selbstkultivierung, zur Astronomie, Geographie, den Jahreszeiten und den mit ihnen verbundenen Aufgaben, zur Rolle des Herrschers, aber auch zu der des Militärs.

Für die Beurteilung der Geschicke des Huang-Lao-Daoismus ist besonders das Werk des Philosophen Wang Chong, der im ersten Jahrhundert n. Chr. lebte, von Bedeutung. Er bezeichnet unter anderem das Werk des Liu An als ein «Dao-Buch», und er ordnet auch die Magier der daoistischen Strömung zu. Bei ihm werden den Daoisten (*daojia* oder *daoshi*) Atemtechniken zur Lebensverlängerung, Experimente mit Drogen sowie Kenntnisse in der Erzeugung von Illusionen zugeschrieben – Daoisten sollen dem Kaiser Wu ein Trugbild seiner verstorbenen Lieblingskonkubine vorgegaukelt haben, das erst zerstob, als sich der Kaiser ihr nähern wollte. Wang Chong sieht allerdings im Begriff «Huang-Lao» nach wie vor eine Regierungslehre, derer sich nur einige wenige Menschen befleißigen können, die vom Himmel mit reinen Anlagen so gut ausgestattet sind, dass sie über die Menge hinausragen. In späterer Zeit ist Huang-Lao indes immer stärker zum Synonym für Daoismus geworden, wobei er dann eher für die Künste der Lebensverlängerung steht als für diejenigen der Herrschaft.

Als sich die Situation der herrschenden Dynastie der Han gegen Ende des ersten vorchristlichen Jahrhunderts rapide zu verschlechtern begann, kam es zu zwei weiteren Phänomenen, die mit dem Daoismus in Verbindung zu bringen sind. Einerseits ist erstmals von Prophezeiungsschriften die Rede, in denen zum Teil offen über einen Sturz der Dynastie gesprochen wurde. Eine besonders lange Weissagungsschrift scheint das *Taiping jing*, der Leitfaden zum Höchsten Frieden, gewesen zu sein, der in dieser Zeit zum ersten Mal erwähnt wird. Ein Text gleichen Namens findet sich heute im daoistischen Kanon. Andererseits lesen wir wenig später, zu Beginn des ersten nachchristlichen Jahrhunderts, von einer Aufstandsbewegung gegen den Usurpator Wang Mang, der im Jahr 8 n. Chr. an die Macht gelangt war. Die Anhänger dieser Bewegung tragen in den Quellen den Namen «Rote Augenbrauen», da sie sich die Stirn rot färbten, wohl um sich von den Soldaten der Han zu unterscheiden. Zwar sieht es nicht danach aus, dass die «Roten Augenbrauen» in irgendeiner Form daoistischen Kulten angehangen hätten – sie scheinen vielmehr vom Hunger getrieben gewesen zu sein –, doch werden sie als Vorläufer für spätere Bewegungen ähnlicher Form angesehen, die zumindest teilweise auch religiös motiviert waren.

Neben dem *Taiping jing* tritt zu Ende der Früheren Han-Dynastie eine neue Textgattung in Erscheinung, die sogenannten prognostischen und apokryphen Schriften, Werke, die als Kommentare zu den kanonischen Schriften der konfuzianischen Tradition auftreten, die aber allerhand Material enthalten, das sich mit den herrschenden Lehren der Gebildeten nur schwer in

Einklang bringen lässt. Von diesen Schriften machten die Aufstandsbewegungen umfangreichen Gebrauch. Sie sind aber auch deshalb wichtig, weil in ihnen eine Reihe von Themen angeschnitten wird, die im religiösen Daoismus von Bedeutung sind. Zwar sind diese Apokrypha fast ausschließlich in Fragmenten erhalten, deren Datierung schwerfällt, doch scheint es so, als könne man in ihnen eine der Wurzeln dieser Religion erkennen.

5. Die Vergöttlichung des Laozi

Ein Ereignis, das für die Entwicklung des religiösen Daoismus von zentraler Bedeutung ist, war die Ankunft des Buddhismus in China. Für das Jahr 2 n. Chr. wird erstmals in einer historiographischen Quelle von der Existenz einer buddhistischen Gemeinde in einer chinesischen Stadt, der östlichen Hauptstadt Luoyang, berichtet. Um das Jahr 50 n. Chr. gab es bereits einen Titularkönig im südlich gelegenen Chu, an dessen Hof buddhistische Zeremonien praktiziert wurden und der dafür von Kaiser Ming hingerichtet (reg. 58–75 n. Chr.) wurde. Demselben Kaiser Ming wird in buddhistischen Quellen nachgesagt, vom Buddha geträumt zu haben. Von diesem Zeitpunkt an breitete sich der Buddhismus in China in rasantem Tempo aus. Im zweiten Jahrhundert n. Chr. gibt es die ersten schriftlichen Zeugnisse. Möglicherweise entstand in dieser Zeit bereits eine apologetische Schrift, die den Titel «Zerstreuung der Zweifel des Meisters Mou» (*Mouzi lihuo lun*) trägt. In ihr wird der Buddhismus gegen verschiedene Kritikpunkte der konfuzianischen Orthodoxie verteidigt.

Die Berichte über die Ankunft des Buddhismus in China sind wichtig, weil ohne sie viel schwerer nachvollziehbar wäre, warum die verschiedenen Strömungen, die bisher angesprochen wurden – Lebensverlängerungstechniken, Magie, Atemübungen und philosophischer Daoismus –, sich im zweiten Jahrhundert n. Chr. vereinigten und eine eigenständige chinesische Religion hervorbrachten. Interessanterweise taucht auch der als Regie-

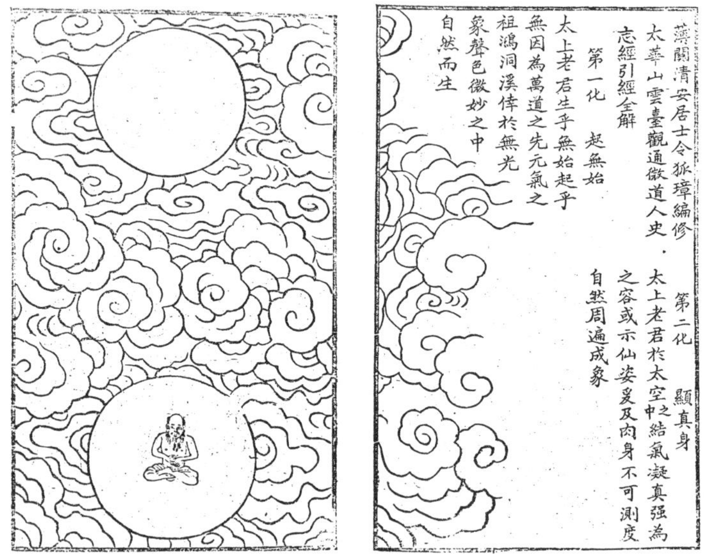

Laozi, in der Gestalt eines Yogi im Schneidersitz, kommt noch vor der Trennung des Urchaos in Himmel und Erde zur Welt.

rungslehre bekannte Begriff «Huang-Lao» mehrfach in der um 400 n. Chr. verfassten Dynastiegeschichte der Späteren Han Zeit (25–220 n. Chr.) auf. Zum ersten Mal wird er darin mit dem Dynastiegründer in Verbindung gebracht, und zwar im Zusammenhang mit der «Nährung des Lebens», an die ein Herrscher genauso wie an politische Klugheit denken soll. Zur Ausübung der Huang-Lao-Lehren gehörten offenbar die Einschränkung der leiblichen Begierden, Keuschheit und Reinheit. Schon im Bericht über den König von Chu, der durch seine buddhistische Gemeinde hervortrat, heißt es, dass er buddhistische Fasten- und Opferregeln praktiziert habe. Im gleichen Atemzug sagt der Text, dass er die Huang-Lao-Lehren mochte, die für ihn anscheinend in die gleiche Kategorie fielen.

Die Herrschaft der Späteren Han-Kaiser begann zu Beginn des zweiten nachchristlichen Jahrhunderts zu verfallen. Kindkaiser traten an die Stelle von charismatischen Herrscherpersönlichkeiten, während die eigentliche Macht in den Händen von Palasteunuchen und den Familien der Kaiserinnen lag. Soziale Gegensätze verschärften sich rasch. So war es nur eine Frage der Zeit, bis erneut Aufstandsbewegungen gegen die Dynastie entstanden. Ab der Mitte des zweiten Jahrhunderts häuften sich diese Rebellionen immer mehr. Dabei nannte sich einer der Aufrührer «Sohn des Gelben Kaisers», ein anderer nahm den Namen «Wahrer Mensch» (*zhenren*) an, den wir aus dem *Zhuangzi* kennen. Als im Jahre 166 erstmals ein Kaiser Laozi und Buddha ein Opfer darbrachte, vollzog er vermutlich nur eine Praxis nach, die im Volk längst verbreitet war. Die Frau dieses unter dem postumen Namen Huan bekannt gewordenen Herrschers war eine entfernte Nachfahrin der Kaiserin Dou, die unter den Früheren Han bereits Huang-Lao-Ideen gefördert hatte. Mehrere Hinweise legen nahe, dass der Begriff «Huang-Lao» in dieser Zeit eine militärisch-daoistische Konnotation hatte. Sowohl die Zentralmacht als auch die Aufständischen schienen zu glauben, dass der Daoismus ihnen auf dem Weg zum Sieg helfen könne. Gleichzeitig scheinen die Huang-Lao-Lehren auf der anderen Seite auch Elemente daoistischer Sexualpraktiken zu enthalten.

Es ist umstritten, was der Begriff «Huang-Lao» in dieser Zeit bedeutete. Vor allem ist fraglich, ob sich der Begriff «Huang» zu diesem Zeitpunkt noch auf den Gelben Kaiser beziehen kann. «Gelb» ist nämlich in der Lehre von den Fünf Elementen die Farbe des Zentrums, und es ist deshalb durchaus möglich, «Huang-Lao» auch mit «Laozi in der Mitte» zu übersetzen. Diese Version ist sowohl im Hinblick auf in späteren daoistischen Texten enthaltene Hinweise einleuchtend als auch auf eine im Zusammenhang mit dem kaiserlichen Opfer entstandene Inschrift, in der Laozi als höchste Gottheit dargestellt ist. Auch in einem Manuskript, das auf das zweite Jahrhundert zu datieren sein dürfte, scheint Laozi als Gott der Mitte dargestellt zu sein. Die Frage nach der Bedeutung des Begriffes «Gelb» im Zusammenhang mit den Huang-Lao-Opfern des zweiten Jahrhunderts ist vor allem deshalb von Bedeutung, weil die gelbe Farbe immer wieder in Buchtiteln des Daoismus auftaucht, unter anderem im «Leitfaden des gelben Hofes» *(Huangting jing)*, das um die Wende vom dritten zum vierten Jahrhundert verfasst worden sein soll. Dabei handelt es sich um ein wichtiges Werk für die Kenntnis der Gottheiten, die sich nach Auffassung der Daoisten dieser Zeit im Körper des Menschen aufhalten und gepflegt werden müssen, wenn der Adept die Unsterblichkeit erlangen möchte. Wir haben über die meisten dieser Körpergottheiten erst aus späterer Zeit Kenntnis. Ob sie schon im zweiten Jahrhundert im Daoismus präsent waren, ist also ungewiss. Indessen ist klar, dass spätestens zum Zeitpunkt der Opfer an Huang-Lao im Jahr 166 Laozi aus der Rolle eines Philosophen in die eines Gottes geschlüpft ist, und es scheint, als sei er erst dadurch auf eine Stufe mit dem Buddha gelangt. Auch der Xiang'er Kommentar zum *Daodejing* stellt den Laozi als einen herrischen Gott dar, ein Text, der in Manuskriptform überliefert ist und der ebenfalls auf die beschriebene Zeit zu datieren sein dürfte. Er scheint als religiöser Regeltext für eine daoistische Gemeinde konzipiert gewesen zu sein.

Die Vergöttlichung des Laozi im zweiten Jahrhundert ist von besonderer Bedeutung, weil wir in dieser Zeit gleichzeitig zum ersten Mal von daoistischen Sekten hören, wenn dieser umstrittene Begriff erlaubt ist. Die gerade erwähnten Aufstandsbewegungen waren nur der Auftakt für wesentlich gewalttätigere Revolten, die sich ab den siebziger und achtziger Jahren des zweiten Jahrhunderts entfalten sollten. Unter diesen sind zwei hervorzuheben: Die sogenannten «Gelben Turbane» sowie die «Fünf-Reisscheffel-Sekte» (*wu dou mi dao*), die nach dem Brauch benannt ist, dass jeder Anhänger fünf Scheffel Reis als eine Art Mitgliedsbeitrag beizusteuern hatte. Diese Bewegungen entstanden offenbar unabhängig voneinander. Die Gelben Turbane unter Zhang Jue, die ihren Namen der Tatsache verdanken, dass sie gelbe Kopfbedeckungen trugen, weil sie den Gelben Kaiser verehrten, erhoben sich in Zentral- und Ostchina. Sie strebten ein Zeitalter des Höchsten Friedens (*taiping*) an, von dem man aufgrund kalendarischer Berechnungen annahm, dass es im Jahr 184 anbrechen würde. Zhang Jues Autorität scheint vor allem darauf gefußt zu haben, dass er als Arzt und Heiler auftrat. Seine Gelben Turbane konnten allerdings von der Han-Dynastie zerschlagen werden.

6. Die Himmelsmeister: Kultivierung durch Geschlechtsverkehr

Längerfristigeren Erfolg erzielte dagegen die Fünf-Reisscheffel-Sekte unter ihrem Anführer Zhang Daoling, die sich zur selben Zeit wie die Gelben Turbane in raschem Tempo in Sichuan ausbreitete. Schon 142 war der Gott Laozi dem Zhang Daoling erschienen. Unter seinem Enkel Zhang Lu, dem der «Xiang'er-Kommentar» zum *Daodejing* zugeschrieben wird, entstand um 190 in Sichuan ein eigenständiger daoistisch-religiöser Staat, den erst Cao Cao 215 unterwerfen konnte, ein General der Dynastie der Han, dessen Sohn Cao Pi 220 die Wei-Dynastie ausrief. Da Cao Cao die religiöse Gemeinde der Himmelsmeister im Gegenzug für deren Unterwerfung anerkannte, lassen manche die Geschichte des religiösen Daoismus mit diesem Datum beginnen. Der Staat des Zhang Lu war strikt hierarchisch strukturiert, wobei die Nomenklatur der Beamtenschaft zum Teil stark an diejenige der Han-Dynastie erinnert. Die Fünf-Reisscheffel-Bewegung ist deshalb so wichtig, weil an ihrer Spitze ein «Himmelsmeister» (*Tianshi*) stand. Für zwei Jahrhunderte stellte sie die dominierende Strömung unter einem Gemenge vieler religiöser Gruppen dar, die heute als daoistisch bezeichnet werden.

Von besonderem Interesse sind neben der Tatsache, dass bei den Himmelsmeistern Laozi als das personifizierte «Dao» und damit als Gott verehrt wurde, auch die Praktiken, die bei den Himmelsmeistern verbreitet waren. Der oben erwähnte «Xiang'er-Kommentar» scheint ein frühes Zeugnis dieser Bewegung zu sein. Er setzt sich explizit mit daoistischen Sexualpraktiken auseinander, die offenbar in vielen daoistischen Strömungen verbreitet waren. Xiang'er warnt allerdings vor ihnen, wenn sie exzessiv genutzt würden. Indessen scheint die Methode des «in Einklang Bringens des Odems» (*he qi*), bei der nicht verheiratete Partner unter Aufsicht eines daoistischen Meisters miteinander Geschlechtsverkehr hatten, bei den frühen Himmelsmeistern weit verbreitet gewesen zu sein, und auch das oben erwähnte *Taiping jing* fordert dazu auf. Ganz wie bei den Konfuzianern wurde übrigens auch großer Wert darauf gelegt, dass die Menschen Nachwuchs hervorbrachten und so den Lauf von Himmel und Erde imitierten und, anders als im Buddhismus, ein Ende der Menschheit verhinderten. Dies war allerdings nicht das Ziel der Übungen zur Vereinigung des Odems, bei denen es vielmehr für den Mann darum ging, mit möglichst jungen Frauen, die auch möglichst häufig gewechselt werden sollten, zu bestimmten, genau festgelegten glückbringenden Tagen Geschlechtsverkehr zu haben, um damit das eigene Leben zu verlängern. Übrigens raten manche spätere Texte Männern davon ab, Frauen beizuwohnen, die sich ebenfalls auf die Kunst der Lebensverlängerung verstünden, da dies dazu führen könne, dass diese selbst die Unsterblichkeit auf Kosten des Mannes erlangten. Aus der Sexualität wird so ein Konkurrenzkampf der Geschlechter.

Die Sekte, die im dritten Jahrhundert ihren Schwerpunkt von Sichuan nach Nordchina verlagerte, hatte ihr Territorium in Kommandanturen aufgeteilt, denen «Trankopferspender-Kommandanturführer» als höchste Beamte vorstanden. Trankopferspender war ein aus der Hierarchie der Han bekannter Amtstitel, der bei den Himmelsmeistern Männern verliehen wurde, die im Glauben gefestigt waren. Neue Anhänger wurden demgegenüber zunächst als «Dämonensoldaten» bezeichnet. Die Himmelsmeister hatten streng moralische Vorstellungen. Sie gingen gegen Liederlichkeit und Trunkenheit vor und praktizierten Fastenriten. Für die Behandlung von Krankheiten scheinen die Himmelsmeister Sündenbekenntnisse verlangt zu haben, vermutlich eine ursprünglich buddhistische Praxis, die aber später ein besonderes Charakteristikum der Daoisten wurde, weil diese komplexe bürokratische Regeln für die Bekenntnisse entwickelten. Beispielsweise wurden Straßenarbeiten verschiedener Länge für verschiedene Übertretungen oder echte Sünden verlangt. Interessanterweise war das Vorbild für den daoistischen Staat sowohl des Zhang Jue als auch des Zhang Daoling ein weit im Westen gelegenes Land namens Da Qin, das wahrscheinlich die östlichen Provinzen des Römisches Reichs bezeichnet. Wenn man bedenkt, dass die Zeit des zweiten Jahrhunderts auch im Römischen Reich durch das Wachstum einer späteren Weltreligion gekennzeichnet ist, fragt man sich bei solchen Nachrichten, ob nicht die Entstehung des Daoismus viel mehr mit Kulturkontakten zu tun hat, als uns dies die Texte verraten.

Ein wichtiges Charakteristikum der Himmelsmeistertradition sind Texte, die Gebote enthalten. Ein vermutlich recht frühes Beispiel dafür sind die «Verbindlichen Gebote des Obersten Herrn Laozi» *(Taishang Laojun jinglü)*. Die ersten darin enthaltenen Gebote betreffen einen Lebenswandel, der in Einklang mit dem *Daodejing* zu sein hat. Sie sind überschrieben mit den Worten «Gebot Denk an Dich aus dem Hochwürdigen Daodejing» (*Daode zunjing xiang'er jie*), wobei der Begriff «Xiang'er», der hier mit «Denk an Dich» übersetzt ist, auch auf das *Daodejing* bezogen sein könnte: «Gebote, die daraus resultieren, dass das *Daodejing* an Dich denkt». Hier wird zunächst in allgemeiner Form ermahnt, dass man nicht herrisch auftreten, sondern sich eines «weiblichen» Lebensstils befleißigen solle, dass man nicht den ersten Schritt tun solle und nicht danach streben, sich einen Namen zu machen. Auf eine historische Einführung, in der beschrieben ist, wie Laozi die Gebote an den ersten Besitzer des *Taiping jing* weiterreichte, folgen insgesamt 180 Gebote, deren erstes lautet, dass man nicht zu viele Knechte und Mägde – vielleicht auch Konkubinen – halten solle. Das zweite Gebot betrifft den illegitimen Geschlechtsverkehr mit Frauen anderer Männer. Das dritte lautet: «Du sollst nicht das Gut Anderer stehlen», das vierte: «Du sollst nicht morden oder verletzen». Auch ist es verboten, Nahrungsmittel ins Feuer zu werfen und Schweine und Ziegen zu halten. Eine ganze Reihe von Verboten sind schwer verständlich, unter anderem solche, die den Schriftverkehr mit anderen Personen betreffen. Daneben aber stehen immer wieder ganz praktische Dinge, wie etwa ein Verbot der Brandrodung oder das Verbot, von Geschirr aus Gold oder Silber zu essen. Man darf sich nicht über die militärischen Angelegenheiten des Staates informieren und sich nicht mit Soldaten zusammentun, aber auch nicht mit Staatsbeamten. Man soll keine Bäume fällen, eigenmächtig Kräuter sammeln und nicht die daoistischen Adepten beleidigen. Insgesamt erweckt der Text den Eindruck eines strikt geregelten Gemeinwesens, in welchem dem Einzelnen Freiheitsrechte nur innerhalb eines klar abgegrenzten Rahmens zugestanden wurden und Disziplin über allem stand. Die Gebote erinnern in gewisser Weise an die fast totalitäre Sozialutopie, die im 80. Kapitel des *Daodejing* steht:

Ein kleines Land! Ein Volk gering an Zahl!
Und gäb es dort Geräte zehnfach, hundertfach
Von Wirkung – mach, dass man sie nicht gebraucht!
Und nicht auswandert in die Ferne!
Wohl gibt es Schiff und Wagen dort,
Jedoch kein Ziel, sie zu besteigen.
Wohl gibt es Panzer und Waffen dort,
Doch keinen Grund, sie aufzunehmen.
Lass auch die Menschen finden heim zur Knotenschnur*
Und sie gebrauchen.
Mach süß ihre Speise,
Schön ihre Kleider,
Friedlich ihr Wohnen,
Fröhlich die Lebensweise!
Man sieht von weitem wohl das Nachbarland,
Die Hähne sind, die Hunde noch zu hören.
Das Volk wird alt, und wenn sie sterben,
War doch keiner, der zum Nachbarn fand.
(Übersetzung Günther Debon)

Ordnungsstreben muss den Autor dieses Textes geleitet haben, und ähnliche Sehnsucht nach Ordnung, die sich wohl nur aus deren Abwesenheit in der Zeit erklären lässt, als die Himmelsmeister sich zu formieren begannen, findet sich auch in diesen Gebotstexten. Das Ideal, dem hier Ausdruck verliehen ist, sieht

* Man meinte, dass die Herrscher in ältester Zeit, in der allgemeiner Friede herrschte, Knotenschnüre anstelle von Schriften verwendeten, um ihre Anweisungen und Erlasse zu verkünden.

nicht vor, dass Menschen von einem Ort zum anderen ziehen. Sie sind zu Hause glücklich und streben nicht nach Höherem. Für den Herrscher sind sie so natürlich leicht zu kontrollieren.

Spätestens im dritten Jahrhundert begannen die Himmelsmeister, sich der Konkurrenz durch den Buddhismus, dem ihre religiöse Praxis viel zu verdanken hatte, bewusst zu werden. In dieser Zeit taucht zum ersten Mal die Behauptung auf, das Dao sei nach der Zeit, als Laozi dem Passwärter Yin Xi das *Daodejing* diktierte, nach Indien gezogen und habe dort versucht, die Barbaren zu bekehren. In China selbst hatte es keine echte Aufnahme gefunden, so dass das Volk in Scharen sterben musste. Die Kriege der Zeit der Streitenden Reiche wurden also darauf zurückgeführt, dass die Lehren des Laozi nicht auf fruchtbaren Boden gefallen waren. Doch auch die Barbaren in Indien hatten Schwierigkeiten damit, den Geboten, nicht zu töten und keine lebenden Wesen zu essen, Folge zu leisten. Darum erschien ihnen eine «transzendente Persönlichkeit», die mit anderen Gottheiten am Himmel schwebte – den «Devas», welche die buddhistischen Wandmalereien in der Oase Dunhuang in Zentralasien darstellen. So wurden die Inder überzeugt und zum Buddhismus bekehrt. In späterer Zeit stellte ein daoistischer Text, das «Sutra über die Bekehrung der Barbaren» (*Huahu jing*), die Sache noch viel eindeutiger dar: Laozi sei in Indien in Gestalt des Buddha erschienen und habe die Barbaren zum Daoismus bekehrt, den diese nur etwas missverstanden, so dass der Buddhismus entstand. Über den leider verlorenen Text, dessen Inhalte aber aus mehreren Fragmenten in anderen Texten rekonstruiert werden können, wurden zwischen dem vierten und dem siebten Jahrhundert zahllose Streitgespräche zwischen Buddhisten und Daoisten bei Hofe geführt. In deren Verlauf erfanden die Buddhisten eine ganz ähnliche Geschichte, die den Laozi wiederum zu einer Transformation des Buddha erklärte. In einem Text des fünften Jahrhunderts, der «Schrift der Inneren Erläuterungen zu den Drei Himmeln» *(San tian neijie jing)*, erklären die Himmelsmeister den Laozi schließlich zum Herrn des Lebens, während der Buddha nur Herr des Todes ist. Laozi ist Yang, der Buddha Yin. Und da die Barbaren ebenfalls Yin sind, während China

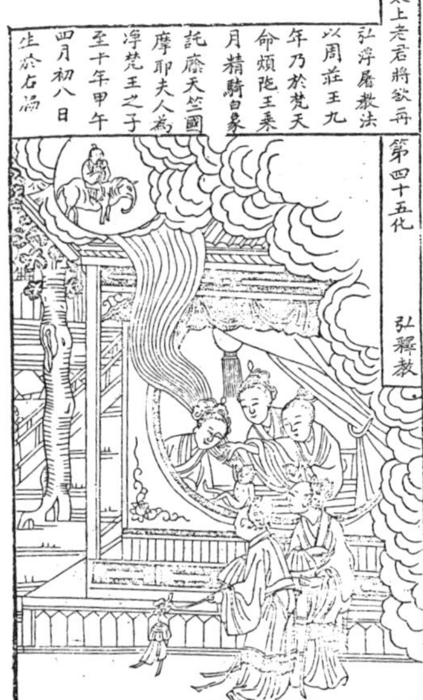

Laozi veranlasst vom Himmel aus die Geburt des Buddha.
Ein Himmelskönig besteigt einen weißen Elefanten, kommt hernieder und wird an der Seite der Königin Maya geboren.

Yang ist, passt der Buddhismus für das Ausland, während der Daoismus die passende Religion für das Inland ist.

Als die «Schrift der Inneren Erläuterungen zu den Drei Himmeln» entstand, waren die Himmelsmeister in eine nördliche und eine südliche Richtung aufgespalten. Die südlichen Himmelsmeister bemühten sich, mit diesem Text eine Art Heilsgeschichte zu schreiben, in der die verschiedenen Versuche, das Dao zu etablieren, historisch erklärt werden. Mehrere erfolglose Versuche waren dabei zu vermelden. Neben den Misserfolgen zu Lebzeiten des Laozi wird auch der schon mehrfach erwähnte Kaiser Wu der Han hervorgehoben, an dessen Hof die besten Voraussetzungen für einen Sieg des Daoismus geherrscht hatten. Doch obwohl er die besten Anlagen zeigte, obwohl er sich den daoistischen Göttern zuwandte und sich von Schmutz reinigte, verstellte ihm sein Streben nach Ruhm den rechten Weg. Er mordete, führte Krieg und hatte zu viele sexuelle Begierden. So musste das Dao warten. Es erstand am Ende der Späteren Han und wurde weitergetragen zum Haus Liu der Song-Dynastie, die im fünften Jahrhundert in Südchina herrschte. Die südlichen Himmelsmeister versuchen vergeblich, die Herrscher zur Errichtung eines daoistischen Staates zu bewegen.

Was den südlichen Meistern misslang, glückte zwischen 424 und 448 dem Himmelsmeister Kou Qianzhi im Norden Chinas. Er konnte noch einmal einen daoistischen Staat etablieren: Die Nördliche Wei-Dynastie, die von dem Turk-Volk der Tuoba gegründet worden war, in dem eine Reihe von volksreligiösen Elementen verbreitet war, die gut zu daoistischen Traditionen passten, machte den Daoismus zu ihrer Leitideologie. Dabei standen offenbar vor allem rigide Moralvorstellungen und der konfuzianisch beeinflusste Hierarchiegedanke im Vordergrund. Ein religiöser Kodex mit dem Titel «Leitfaden der zu rezitierenden Gebote des Herrn Laozi» (*Laojun yinsong jiejing*) wurde im Reich verkündet und ein Altar errichtet, an dem daoistische Priester einen Kult zelebrierten. Kou Qianzhi ging vor allem gegen die Sexualpraktiken vor, die zuvor unter Daoisten weit verbreitet gewesen waren und mit denen die Religion viel Kritik auf sich gezogen hatte. Wir finden diese Kritik übrigens in besonders starkem Maße bei buddhistischen Autoren des 6. Jahrhunderts, im Essay zur Erörterung der Verirrungen *(Bianhuo lun)* des Xuankuang, im Essay *(Xiaodao lun)* des Zhen Luan, in dem das Dao verlacht wird, und im Essay über die beiden Lehren *(Erjiao lun)* des Dao'an, in denen die «Gelben Bücher» angegriffen werden, ein Terminus, der zur Bezeichnung von Handbüchern für Sexualrituale benutzt wurde und auf den der moderne chinesische Ausdruck für Pornographie («Gelbe Farbe», *huang se*) zurückgeht.

Aber auch die religionsinternen Steuern und die Erblichkeit von Ämtern ließ Kou Qianzhi abschaffen. Sündenbekenntnisse gehörten auch bei Kou Qianzhi zum festen Bestandteil des Rituals, und fast christlich mutet an, dass die Guten als ein «erwähltes Volk» (*zhong min*, eigentlich: «Ausgesätes Volk») ewiges Leben erlangen und die Schlechten in die Hölle kommen sollten.

Höllenvorstellungen hatte es bereits bei den ersten Himmelsmeistern gegeben, doch erinnern die Aussagen, die wir bei Kou Qianzhi finden, eher an buddhistische Vorbilder, da auch die Wiedergeburt als Insekt oder wildes Tier als Strafe für schlechtes Verhalten vorgesehen war. Allerdings ist klar, dass die Vorstellung vom «erwählten Volk», das sich an die Regeln und Vorschriften hielt, auch sehr eng mit eschatologischen Vorstellungen verbunden war. Schon in Texten des dritten Jahrhunderts ist von ihm die Rede, und der Kontext zeigt, dass man glaubte, ein Weltenende stehe bevor, bei dem alles Schlechte ausgejätet werden würde. Nur die «Erwählten», so heißt es weiter, würden dieses Endzeitalter überleben und den Keim eines Neubeginns bilden können.

Damit war der Daoismus salonfähig geworden. Zum ersten Mal ließ sich ein chinesischer Kaiser von seinem Kanzler Cui Hao, dem Unterstützer des Kou Qianzhi, dazu überreden, einen daoistischen Titel anzunehmen und von einem Himmelsmeister Beglaubigungen seiner Macht zu empfangen. Gleichzeitig begann unter Cui Hao eine der ersten massiven Verfolgungen des Buddhismus, die von Kou Qianzhi selbst gar nicht beabsichtigt gewesen zu sein scheint. Die rituelle Investitur nordchinesischer Kaiser durch Daoisten sollte bis in das Jahr 574 fortgeführt werden, doch sah sich bis zur Tang-Zeit kein Kaiser mehr als daoistischer Herrscher. Auch wurde 548 die Auflösung der daoistischen Gemeinde Kou Qianzhis angeordnet. Aus der Tradition der Himmelsmeister sollte unter den Tang der *zhengyi*-Daoismus hervorgehen, der lange Zeit die einflussreichste daoistische Schule darstellte und bis heute Bestand hat, wenn er natürlich auch längst nicht mehr die dominierende Stellung innehat, die er unter den Tang errungen hatte.

7. Alchemie und das Streben nach Unsterblichkeit

Bis der Daoismus staatliche Anerkennung finden konnte, wie es unter Kou Qianzhi und Cui Hao gelungen war, hatte er einen weiten Weg zu beschreiten. Unter der ersten Wei-Dynastie (220–280) verliert sich seine Spur zunächst ein wenig. In dieser Zeit lebte zwar mit Wang Bi (226–249) ein Denker, den Étienne Balázs einmal als das «frühreife Genie» bezeichnet hat, dessen Kommentar zum *Daodejing* bis heute fast kanonischen Status genießt und der in der Literatur genauso wie der *Zhuangzi*-Kommentator Guo Xiang oft als «Neodaoist» bezeichnet worden ist. Doch ist die Forschung mittlerweile zurückhaltend mit dieser Titulierung, da bei beiden Exegeten eine Prägung, die sie in die Tradition der neu entstandenen Religion einzuordnen erlauben würde, nicht auszumachen ist. Dennoch müssen beide Personen hier erwähnt werden, denn sie gelten als die Hauptverantwortlichen dafür, dass man von nun an nicht mehr vom Huang-Lao-Daoismus spricht, sondern stattdessen von «Zhuang-Lao». Während Wang Bi den *Laozi*-Text in traditioneller Art recht legalistisch ausdeutete, sind für Guo Xiang besonders die buddhistischen Elemente von Bedeutung. Dennoch gehören beide Autoren noch in den Zusammenhang des zweiten und dritten Jahrhunderts, in dem zwar bereits einzelne daoistische Sekten aufgetreten waren, der Daoismus aber noch nicht als flächendeckendes religiöses System bezeichnet werden kann. Der chinesische Ausdruck für die Lehren von Wang Bi und Guo Xiang, aber auch von He Yan, einem Zeitgenossen des Wang Bi, auf den der heute maßgebliche Kommentar zu den «Gesprächen des Konfuzius» zurückgeht, lautet *Xuanxue*, zu deutsch die «Lehre vom Dunklen». Das «Dunkle» ist ein Schlüsselbegriff, der dem *Daodejing* entnommen ist. Dennoch versammelt die «Lehre vom Dunklen» Gedanken, die nicht allein dem Daoismus zuzuordnen sind. Unter anderem ist bei ihren Vertretern –

Wang Bi ist nur eines unter vielen Beispielen – eine ausgeprägte Tendenz zu erkennen, das *Daodejing* und das «Buch der Wandlungen» *(Yijing)* in einen Zusammenhang zu stellen, der sich sonst nicht automatisch ergibt, da die «Wandlungen» eben auch ein Text sind, welcher der konfuzianischen Tradition heilig ist. Das *Yijing* steht bekanntlich seit der Zeit der Han an der Spitze der konfuzianischen kanonischen Schriften.

In die Zeit, in der Guo Xiang seinen Kommentar zum *Zhuangzi* verfasste, gehört wahrscheinlich auch der *Liezi*-Text, eine Sammlung daoistischer Anekdoten. Der um die Zeitenwende entstandene berühmte Literaturkatalog des «Buchs der Han» *(Han shu)* schreibt einen solchen Text einem Autor namens Lie Yukou zu, einem Mann, der noch vor den Zeiten des Zhuang Zhou gelebt habe. Dieser preist an mehreren Stellen seines Werkes einen Meister Lie, und das vorletzte Kapitel des *Zhuangzi* trägt sogar die Überschrift «Lie Yukou». Da der Name Yukou wörtlich «Verbrecher einsperren» oder «Aufständischen widerstehen» heißt, ist er auch als Amtsbezeichnung verstanden worden. Vielleicht soll er Justizminister heißen, und da man mit dem Justizminister im alten China vor allem das Strafen und damit die Handhabung von Waffen verband, würde dies gut zu der alten Verbindung von Daoismus und Militär passen. Doch wissen wir über Lie Yukou kaum etwas. Ein angeblich 14 v. Chr. eingereichter kurzer Text, in dem die Herkunft des Werkes erklärt wird, bringt den Meister Lie mit den Lehren von *Huang* und *Lao* in Verbindung. Doch ist mittlerweile weitgehend unumstritten, dass der *Liezi*-Text als Ganzes wohl erst auf die Zeit seines ersten Kommentators Zhang Zhan, der im vierten Jahrhundert lebte, zurückgehen dürfte bzw. auf seinen Vater und seinen Großvater, die um die Wende vom dritten zum vierten Jahrhundert wirkten. Zhang Zhan hebt in einem Vorwort die Ähnlichkeit der Gedanken des *Liezi* mit denen des *Laozi* und des *Zhuangzi* hervor und betont den Gedanken der höchsten Leere, aus der alle Dinge hervorgingen. Er warnt vor dem Haften an den Dingen der materiellen Welt, vergleicht wie *Zhuangzi* Wachzustand und Traum und verweist auf die Kultivierung des Leibes, die wichtiger sei, als der Erfolg im Staatsamt.

Der Kommentar des Zhang Zhan weist eine Reihe von Merkmalen auf, die ihn als der *Xuanxue*-Tradition zugehörig erscheinen lassen. Ähnlich dem Kommentar des Guo Xiang zum *Zhuangzi* findet sich hier immer wieder buddhistisches Gedankengut. Auch im *Liezi* selbst kann der aufmerksame Leser eine Vielzahl von versteckten Hinweisen darauf entdecken, dass sein Autor vom Buddhismus direkt beeinflusst gewesen sein muss, eine Tatsache, die nahelegt, dass der Kolophon aus dem Jahr 14 v. Chr. entweder eine Fälschung ist oder aber, was wahrscheinlicher ist, für einen anderen Text geschrieben wurde als den, der uns heute vorliegt, dass es also früher einmal einen anderen *Liezi* gab, der zum größten Teil verloren ging und durch neue Textstücke ersetzt bzw. ergänzt wurde. Dies ist indes für die daoistische Tradition nicht von Bedeutung gewesen. Sie hat den *Liezi* zu ihrem dritten großen Patronatstext gemacht. Genauso wie das *Daodejing* («Die Wahre Schrift über Weg und Tugend») und das *Zhuangzi* («Das Wahre Buch vom Südlichen Blütenland») erhielt er unter der Dynastie der Tang (618–907) einen Ehrentitel, nämlich das «Buch vom Quellenden Urgrund», wie es Richard Wilhelm übersetzt hat.

Inhaltlich handelt der *Liezi*-Text von der daoistischen Gelassenheit dem Tod gegenüber und vom rechten Weg («Dao»), wie man mit den Dingen in Einklang kommt. In einem langen Kapitel über eine phantastische Himmelsreise des Königs Mu von Zhou, der nach traditioneller Vorstellung von 1001 bis 947 v. Chr. regierte – die moderne Forschung ist sich bei diesen Daten nicht mehr sicher –, erfährt der Leser von der Relativität menschlicher Wahrnehmung, und in einem weiteren Kapitel liest er, wie Konfuzius seine eigenen Lehren den Schülern gegenüber zurücknimmt und sich in einen Daoisten verwandelt, ganz wie wir es auch aus einzelnen Teilen des *Zhuangzi* kennen. Die These des *Daodejing*, dass das Weiche das Harte besiegt, exemplifiziert die sprichwörtlich gewordene Geschichte vom Herrn Töricht (Yugong), der sich daran macht, zwei Berge zu versetzen, die ihm vor seinem Haus die Sicht und den Weg versperren. Er wird verlacht und schafft es doch, mit seiner Beharrlichkeit hohe Mächte zu rühren, so dass sie ihm behilflich sind. Über den

Hedonisten Yang Zhu, dem das siebte Kapitel des *Liezi* gewidmet ist, wurde oben schon gesprochen. Konfuzius übrigens kommt im *Liezi* genauso oft vor wie Lie Yukou und viel häufiger als Laozi (dass Zhuang Zhou gar nicht auftaucht, braucht nicht weiter zu verwundern, denn Meister Lie wird ja zeitlich vor ihm verortet). Dennoch ist die große Persönlichkeit, an der sich alles auszurichten hat, für Meister Lie der daoistische Ahnherr Laozi. Über diesen wird im dritten Kapitel die Anekdote erzählt, wie er dem Passwächter seinen Text hinterlassen habe. Dieser Sachverhalt ist wichtig, denn die daoistische Apologetik sollte sich diese Anekdote wenig später als Waffe gegen den Buddhismus zunutze machen.

Eine weitere wichtige Schrift, welche die chinesische Tradition in früheren Zeiten verortete, während sie von der gegenwärtigen Forschung eher ins zweite, wenn nicht ins dritte Jahrhundert datiert wird, sind die «Biographien herausragender Unsterblicher» *(Liexian zhuan)*, deren Redaktion traditionell dem Liu Xiang (77–6 v. Chr.) zugeschrieben wurde. Allerdings ist dem Liu Xiang Autorschaft bzw. Redaktionstätigkeit an so vielen Werken der alten chinesischen Tradition nachgesagt worden, dass es ohnehin schwer fällt, solchen Zuschreibungen allzu viel Glauben zu schenken. Bei dem Werk handelt es sich um eine Sammlung von Kurzbiographien daoistischer Heiliger bzw. unsterblich gewordener Menschen. Schon das Genre weist darauf, dass es sich wahrscheinlich um einen späteren Text handelt. Zwar gab es Biographiensammlungen zum ersten Mal schon im *Shiji* des Sima Qian, doch wissen wir von der selbständigen Zirkulation solcher Werke erst ab dem dritten nachchristlichen Jahrhundert. Ähnliche Biographien von Magiern oder mit daoistischen Künsten in Verbindung zu bringenden Personen enthält beispielsweise die Dynastiegeschichte der Späteren Han, das um 400 fertiggestellte *Hou Han shu* des Fan Ye. Insofern ist Max Kaltenmark zuzustimmen, der den Text übersetzt hat und zu dem Schluss gekommen ist, dass er nicht von Liu Xiang stammen, sondern frühestens im zweiten nachchristlichen Jahrhundert entstanden sein kann. Interessanterweise beginnt der Text mit der Biographie des Meister Rotpinie (*Chisongzi*), den wir schon im Zusammenhang mit dem daoistischen Militärberater Zhang Liang des Dynastiegründers der Han kennengelernt haben, doch werden in ihm neben dem Gelben Kaiser, Laozi und dem Passwächter, für den Laozi geschrieben haben soll, auch noch andere, auf bestimmte Themen wie Sexualpraktiken (*Rongcheng gong*) spezialisierte Persönlichkeiten behandelt. Daneben finden wir die Namen einiger Männer, die am Hofe der Früheren Han bzw. zur Han-Zeit als Eremiten wirkten. Die Biographien sind allesamt sehr kurz. Sie enthalten kaum echte Lebensgeschichten, sondern nur einige für den chinesischen Biographienstil charakteristische Details sowie Hinweise auf die Techniken, welche die beschriebenen Personen beherrschten. Weitaus ausführlicher sind die Biographien einer zweiten Sammlung, die dem Ge Hong (283–343) zugeschrieben wird. Seine Autorschaft an den «Biographien von Göttlichen und Unsterblichen» *(Shenxian zhuan)* ist zwar ebenfalls nicht vollständig gesichert, doch gibt es in diesem Fall eine Reihe von Belegen, die für diese Zuschreibung sprechen. Wir finden in diesem Text zwar auch einige ausführlichere Versionen der Biographien, die aus den «Biographien herausragender Unsterblicher» bereits bekannt sind, doch enthält er gleichzeitig auch Informationen zu einer ganzen Reihe von wichtigen Daoisten, über neunzig an der Zahl, deren Leben aus anderen Quellen nur unzureichend zu erschließen ist. Unter anderem sind hier Details aus dem Leben des Zhang Daoling oder des Zhang Lu gesammelt, zu Liu An, Laozi und einer Reihe weiterer Gründerväter des Daoismus. Wir erhalten aus den Texten der «Biographien herausragender Unsterblicher» Informationen über den Unsterblichkeitsglauben des vierten Jahrhunderts und erfahren Details über die Sichtweise von Regierungsbeamten und zu der Medizin, die von Daoisten gemischt wurde: Zinnober und Quecksilber waren neben Pilzen die entscheidenden Ingredienzen.

Mit der Person des Ge Hong sind wir in einer neuen Epoche angelangt. Ge Hong ist der letzte der großen daoistischen Autoren der klassischen Zeit, der noch mit philosophischen Texten in Verbindung gebracht wird. Nach ihm ist die Trennung in einen religiösen Daoismus, der immer stärker dominiert, und eine philosophisch-daoistische Tradition, die allmählich an Bedeutung verliert, vollzogen. Immerhin hat der philosophische Daoismus noch eine ganze Reihe von Werken hervorgebracht, die von der sinologischen Forschung bisher nur unzureichend zur Kenntnis genommen worden sind. Wie der *Zhuangzi* auch heute noch und der *Huainanzi* der Überlieferung zufolge, ist uns der «Meister, der die Einfachheit umarmt» *(Baopuzi)* in zwei Teilen überliefert. Dies ist das zweite große Werk, das dem Ge Hong zugeschrieben ist. Von den beiden Teilen trägt der erste den Titel «Innere Kapitel», während der zweite aus den «Äußeren Kapiteln» besteht. Dabei gelten die Inneren Kapitel als die eigentlich daoistischen. Wir finden hier Kapitel über Zinnoberelixiere, über Unsterblichkeitskräuter oder über Gold- und Silberalchemie. Die Äußeren Kapitel werden hingegen gelegentlich als konfuzianisch bezeichnet, da es in ihnen um Themen geht, die gemeinhin nicht mit dem Daoismus verbunden werden: Kapitel über das Lernen und die Lehre, über den Weg des Fürsten und des Untertanen, über Ordnung im Staat und die Anstellung der Fähigen, eine Warnung vor den Folgen des Alkohols, über die Fehler der Han-Dynastie und dergleichen mehr. Für die Rekonstruktion der Frühgeschichte der daoistischen Religion ist eine Autobiographie, die Ge Hong – übrigens ganz traditionell – an das Ende seines Werkes gesetzt hat, von besonders großer Bedeutung.

So, wie frühere und auch eine ganze Reihe von späteren daoistischen Texten am Anfang das Dao preisen, so beginnt das Buch *Baopuzi* mit einer lyrischen und fast als mystisch zu bezeichnenden Eloge auf das lebenspendende «Dunkle» (*xuan*). Ebenfalls älteren Texten verwandt ist die anschließende Beschreibung dessen, der den «dunklen Weg» erfasst und dadurch geadelt wird, auch ohne dass ihm weltliche Ehrungen zukommen, der reich wird, ohne dass er Luxusgüter bei sich versammelt. Er hat die Fähigkeit, Himmelsreisen zu unternehmen und Gefilde kennenzulernen, die dem gewöhnlichen Sterblichen verschlossen bleiben. Wir kennen ähnliche Beschreibungen schon aus der Lyrik der Vorkaiserzeit. Die konfuzianische Tradition hat sie im Allgemeinen als Darstellung der Verzweiflung des vom

Hofe vertriebenen loyalen Beraters gedeutet, manchmal auch als Ausdruck der Hybris eines Herrschers. Daoistisch gewendet werden diese Schilderungen zum Ideal des Adepten des Dao, der damit die Unbilden einer feindlichen Welt hinter sich lassen und den Verzicht auf Dinge, die ihm nicht zugänglich sind, leichter akzeptieren kann. Immer wieder wird in den Inneren Kapiteln des *Baopuzi* darauf verwiesen, dass der weltliche Erfolg gegenüber dem Erfolg bei der Kultivierung des eigenen Leibes zweitrangig ist. Im *Baopuzi* ist die daoistische Religion zwar allenthalben mit den Händen zu greifen, doch wird andernorts immer wieder an philosophische Elemente aus den Büchern *Laozi* und *Zhuangzi* erinnert. Wie bei dem berühmten Grundsatz Heinrich Heines «Wir wollen hier auf Erden schon/Das Himmelreich errichten», so will auch *Baopuzi* das, was andere daoistische Autoren im Jenseits erwarten, ins Diesseits holen.

Die Inneren Kapitel des *Baopuzi* beteuern, dass das daoistische Ideal der Unsterblichkeit kein leeres Gerede ist. Sie verweisen darauf, dass die Existenz von Unsterblichen vielfach in der Literatur belegt sei. Dabei machen sie gerne auf das Beispiel der Magier aufmerksam, die Kaiser Wu aus der Han-Dynastie an seinem Hof um sich geschart hat. Wie bei den Himmelsreisen zeigt sich auch hier eine interessante innere Spannung zwischen alter Historiographie und ihrer daoistischen Auswertung: Während nämlich die frühen Geschichtswerke, aus denen wir heute von den Magiern des Kaisers wissen, Hohn und Spott über sie ausgießen und ihre Versuche, dem Kaiser vorzugaukeln, er könne die Unsterblichkeit erlangen, nur mit beißendem Sarkasmus bedenken, werden die Magier in den mehrere Jahrhunderte späteren daoistischen Texten zu Genien, die den Zeitgenossen als leuchtendes Vorbild dafür vorgehalten werden, wie man es richtig machen muss. Kaiser Wu, welcher der konfuzianischen Tradition vor allem als Gründer der konfuzianischen Staatsorthodoxie gilt und für seine ruhm- und gleichzeitig verlustreichen militärischen Expeditionen bekannt ist, wird nicht nur im *Baopuzi*, sondern auch in anderen Werken der daoistischen Tradition (zu nennen wäre besonders das *Han Wudi neizhuan*, die «Inneren Überlieferungen über Kaiser Wu der Han») zu einem liebenswerten Zeitgenossen, der gerne heimlich und unerkannt von seinem Palast aus ausritt und sich unter das Volk mischte. An dieser Stelle ist auch auf andere Personen vom Hof des Kaisers Wu hinzuweisen, die eine ähnliche Karriere gemacht haben: auf den oben bereits erwähnten Dongfang Shuo beispielsweise, historiographischen Texten zufolge eine Art Hofnarr, der später als daoistischer Meister wieder auftaucht. Es wäre sicherlich zu gewagt, hier von einer kleinen und einer großen Tradition zu sprechen, doch ist die Diskrepanz zwischen dem einen quasi offiziellen und dem anderen populären Bild frappierend. Interessant ist in diesem Zusammenhang, dass die daoistischen Texte sich über einen wichtigen Aspekt des Wirkens von Kaiser Wu der Han ausschweigen: darüber nämlich, dass er verantwortlich dafür ist, dass die konkurrierende Lehre des Konfuzianismus zur Staatsorthodoxie erklärt und der *Huang-Lao*-Daoismus unterdrückt wurde.

Aber auch die großen Meister, den Laozi oder den Pengzu, den sogar Konfuzius erwähnt, nennt Ge Hong als Beleg für seine These, dass es möglich sei, Unsterblichkeit zu erlangen. Auf den Einwand eines Zeitgenossen hin, Laozi und Pengzu glichen doch unter den Menschen nur den besonders edlen unter den Bäumen – sie seien eben von ihrer Veranlagung her so gewesen, wie sie waren, so dass man ihren Weg nicht erlernen könne –, antwortet der Meister, der die Einfachheit umarmt, dass bei der Schöpfung der Dinge keines so geistig sei wie der Mensch. Das sei aber nur die Voraussetzung dafür, dass er langlebig sein könne. Er müsse Medizin schlucken, um die Unsterblichkeit tatsächlich zu erlangen, und er müsse sich an langlebigen Tieren wie der Schildkröte und dem Kranich ein Beispiel nehmen, um seine Jahre zu vermehren. Laozi und Pengzu seien eben nicht von anderer Gattung gewesen als andere Menschen, sondern deshalb so alt geworden, weil sie den Weg gefunden hätten. Dies sei nicht von selbst so gewesen (*ziran*) – ein Verweis auf einen weiteren Zentralbegriff des Daoismus.

An mehreren Stellen sagt *Baopuzi* explizit, dass die Schulweisheit der fünf konfuzianischen Klassiker das Wissen nicht abdecken kann, das der Daoist sucht. Genauso wie im Westen profitierten in China schon sehr früh die Naturwissenschaften von den Versuchen der Menschen, Unsterblichkeit zu erlangen oder Gold herzustellen. Zum Beleg seiner Meinung, dass man durch chemische Prozesse nützliche Mittel erzeugen könne, erwähnt Ge Hong auch metallurgische Prozesse oder chemikalisches Wissen, das im Ausland bekannt sei, an das die «Gewöhnlichen» im Land aber nicht glaubten. Kristallgläser zum Beispiel würden im Ausland aus fünf verschiedenen Sorten von Asche hergestellt, und auch in Südchina habe man diese Technik bereits erlernt. Im *Liezi* werden feuerfeste Stoffe, die ebenfalls im Ausland in Verwendung seien, erwähnt, und besonders gehärteter Stahl. Daoistische Werke sind eine Fundgrube für die Geschichte der Naturwissenschaft, weil der Unsterblichkeitskult zu einem Erfindungsreichtum anleitete, der auf der Welt seinesgleichen suchte. *Baopuzi* nennt chemische Produkte aller Art: Kristalle, Bernstein, Gold, Zinnober oder diverse Puder.

Ein ganzes Kapitel der Inneren Kapitel des *Baopuzi,* das elfte, ist den Unsterblichkeitskräutern und ihren Ingredienzen gewidmet. Erstaunlicherweise schrieben das *Baopuzi* und in seiner Folge später zahllose weitere Daoisten ausgerechnet der giftigen Substanz des Zinnober die zentrale Rolle für die Erlangung von Unsterblichkeit zu. An zweiter Stelle steht Gold – am besten das alchemisch hergestellte und nicht das natürlich vorkommende. Darauf folgen Silber, die Pilze, Jade, Glimmer, Perlen, Quartz, Bergkristall, Schwefel und andere Mineralien sowie schließlich verschiedene organische Stoffe. Schon sehr früh hat die mit daoistischen Ideen verbundene Medizin die Preise für bestimmte Güter in die Höhe getrieben. Allerdings ist vieles an der chinesischen Medizin genauso gut als konfuzianisch zu bezeichnen, so die Lehre von den Fünf Elementen oder der Gedanke, dass alle Dinge in einen Yin- und einen Yang-Aspekt zu unterteilen sind. Vielleicht ist es deshalb gar nicht sinnvoll, hier noch von Daoismus zu sprechen, auch wenn in daoistischen Texten mehr über Medizinisches nachzulesen ist als in konfuzianischen. Dennoch bleibt festzuhalten, dass, wie bereits bei den Himmelsmeistern gesehen, die Heilkunst eine entscheidende Rolle bei der Formation des religiösen Daoismus spielte.

Unsterblichkeit ist für den Daoisten die Unsterblichkeit des Körpers, nicht der Seele, von der es im Körper gleich mehrere gibt. In den ältesten Texten sind es zunächst nur zwei Seelen, nämlich die Hauch- und die Körperseele, in späterer Zeit gleich mehrere, die in den Fünf Speichern sitzen, nämlich den Organen Leber, Herz, Milz, Lunge und Niere. Die Einnahme von Medizin, das Praktizieren von Atemübungen oder andere Verrichtungen dienen dem Erhalt des Körpers, nicht dem der Seele. Ziel ist nicht nur Langlebigkeit, sondern auch Jugendlichkeit. Dafür gilt es, sich der Begierden zu enthalten, zu fasten und, ganz ähnlich wie im Buddhismus, sich einer umfassenden Liebe zu allen Dingen zu befleißigen, die sich bis auf die niedersten Wesen erstrecken soll. So nährt man das Leben (*yang sheng*) und bringt den Körper dazu, das *qi*, den Lebensodem, nicht entweichen zu lassen. Yangsheng-Ideen sind natürlich in China schon seit alters im Umlauf gewesen. Auch im *Zhuangzi* werden sie mehrfach erwähnt. Erst in der Zeit der «Lehre des Dunklen» jedoch werden sie ausführlich formuliert. Xi Kang (223–262), einer der berühmten Sieben Weisen vom Bambushain, hat sogar einen ganzen Traktat verfasst, der «Erörterung über die Nährung des Lebens» (*yangsheng lun*) überschrieben ist.

Im *Baopuzi* treten uns auch Gottheiten entgegen, etwa der Herr des Schicksals oder der Herr der Gefahren, schließlich die Fürsten der fünf heiligen Berge Taishan in Ostchina, Songshan in der Mitte, Huashan im Westen sowie zweimal Hengshan in Nord- und in Südchina. Den Bergen als Sitz der Götter, aber auch als personifizierten Gottheiten selbst, ist schon zu Zeiten gehuldigt worden, als es noch keine daoistische Religion gab. Sie wurden sofort in das riesige daoistische Pantheon integriert, das allerdings zu Ge Hongs Zeiten noch nicht ganz ausformuliert gewesen zu sein scheint. Jademädchen tauchen bei ihm auf und vergöttlichte Menschen. Die Berge indes sind von ganz besonderer Bedeutung, vielleicht weil sie der Hort seltener Bodenschätze sind, vielleicht weil sie ein Rückzugsort für Menschen sind, die der Zivilisation entfliehen möchten, vielleicht auch, weil sich hier Höhlen finden, mit denen der Daoist die Möglichkeit zum Übergang in andere Welten verbindet. Berühmt ist die Erzählung vom Pfirsichblütenquell des Tao Yuanming (365?–427), in der ein Fischer bei der Arbeit zufällig über einen Bach in einen Pfirsichhain geriet und dann immer weiter ging, bis er an einen Berg kam, in dem ihm eine Höhlenöffnung den Weg zu einem Paradies eröffnete. Zurückgekehrt berichtete er den Zeitgenossen von seinem Erlebnis, war aber danach nicht mehr in der Lage, die Höhle nochmals zu finden. Das chinesische Wort für Höhle, *dong*, wird gerne mit dem Wort *tong* gleichgesetzt, was «durchdringen» bedeutet. Insofern sind Höhlen der Ort, an dem eine Durchdringung, auch eine Verbindung zwischen sonst voneinander geschiedenen Dingen, stattfindet. Berge sind zudem gefährliche Orte. Räuber, wilde Tiere, giftige Schlangen und Skorpione, aber auch Dämonen und Geister lauern hier. Deshalb benötigt der Daoist Amulette, von denen im *Baopuzi* einige Beispiele enthalten sind – sie sind die ersten, die uns überliefert sind. Die Herstellung von Amuletten und Talismanen gehörte später zu den zentralen Aufgaben von daoistischen Mönchen. Es verwundert ob dieser starken Betonung der Bedeutung von Bergen nicht, dass sich fast alle wichtigen daoistischen Zentren heute an oder auf Bergen finden.

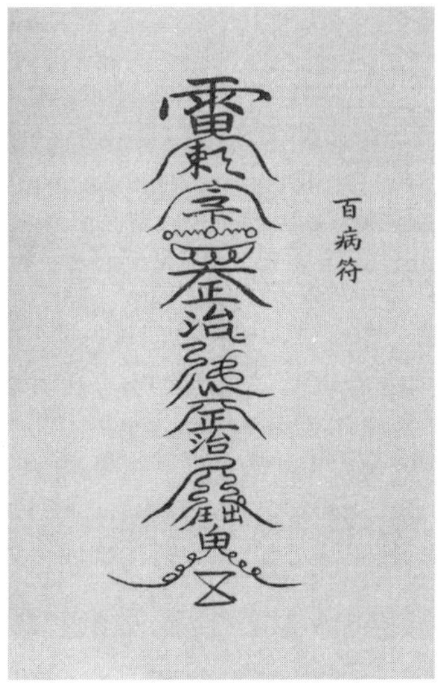

Talisman gegen alle Arten von Krankheiten

Von besonderem Interesse ist im *Baopuzi* schließlich ein mit detaillierten inhaltlichen Angaben versehener Katalog mit daoistischen Büchern, die der Adept lesen sollte. An erster Stelle nennt Ge Hong als wichtigstes daoistisches Buch nicht das *Daodejing* oder das *Zhuangzi*, sondern die «Inneren Schriften der Drei Erhabenen» *(Sanhuang neiwen)* sowie die «Karten über die wahre Gestalt der Fünf Berggipfel» *(Wu yue zhenxing tu)*. Während wir über den verloren gegangenen ersten Text nur bruchstückhaftes Wissen haben – die Drei Erhabenen scheinen zunächst die Triade Himmel, Erde sowie die Gottheit der Höchsten Einheit gewesen zu sein, um dann später der Gruppe Himmel, Erde und Mensch Platz zu machen –, dient das andere Werk dazu, Gottheiten der Berge herbeizurufen. *Baopuzi* sagt über beide Texte, dass sie den Charakter von Talismanen haben: Frauen, die Schwierigkeiten damit haben, einen Sohn zu gebären, brauchen sie bloß in die Hand zu nehmen, und schon ist der Sohn geboren, Daoisten, die ein langes Leben anstreben, brauchen nur mit ihnen in die Bergeinsamkeit zu ziehen, um Tiger und Wölfe damit zu vertreiben, und keines der «Gifte», die dort lauern, wird es wagen, dem Menschen, der über diese Talismane verfügt, zu schaden.

8. Shangqing: Der Daoismus als Offenbarungsreligion

Ge Hong schreibt, er habe einen Meister mit Namen Zheng gehabt, der wiederum ein Schüler seines eigenen Großonkels Ge Xuan (um 238–250) gewesen sei. Ge Xuan habe im Gefolge eines Magiers aus dem Gefolge des Cao Cao gelernt, was ihn in die Nähe der Himmelsmeister bringe. Dennoch gehört er als Angehöriger der Elite Südostchinas noch in eine andere Tradition. Historisch ist die Zeit, in der Ge Hong lebte, eine Wasserscheide: Im Jahr 320, als Ge 37 Jahre alt war, brach die Jin-Dynastie unter dem Ansturm aus dem Norden einströmender altaischer Völker, vermutlich Türken, zusammen. Der Kaiserhof floh über den Yangzi nach Nanjing, um dort die Herrschaft über Südchina zu sichern und auf eine Rückeroberung des Nordens zu hoffen, die allerdings außerhalb des Erreichbaren lag. Im Gefolge des Hofes kamen auch zahlreiche Angehörige der nordchinesischen Elite nach Nanjing. Unter ihnen befanden sich große

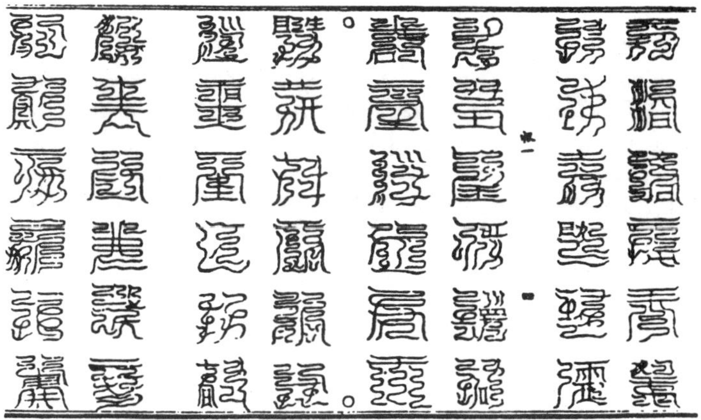

Die geheime Himmelsschrift
des Großen Brahma aller Himmel

Scharen von Anhängern der Himmelsmeister, deren Ideen auf andere Formen des Daoismus prallten und die sich nun bemühten, diese anderen Formen auszulöschen und durch die eigene Religion zu ersetzen.

In diesem Zusammenhang ist die Familie Ge erneut von Bedeutung. Diese war nämlich mit einer Familie Xu aus Nanjing verbunden, die eine wichtige Rolle am Kaiserhof spielte und gleichzeitig den Himmelsmeistern anhing. Einer ihrer Klienten, ein Mann namens Yang Xi, hatte zwischen 363 und 370 eine Reihe von Besuchen von Gottheiten, sogenannten «wahren Menschen» (*zhenren*), die ihm am Berg Mao südlich von Nanjing Texte diktierten, die danach die Basis des *Shangqing*-Daoismus bilden sollten. Der Name *Shangqing* bedeutet «Höchste Reinheit» und steht für einen daoistischen Himmel. Die entsprechenden Texte sind in einer Sammlung mit dem Titel «Mitteilungen der Wahren» *(Zhengao)* erhalten, die Ende des fünften Jahrhunderts von Tao Hongjing (456–536) kompiliert wurde. Yang Xi selbst, Xu Mi (303–373) und sein Sohn Xu Hui (341 – ca. 370) schrieben sie nieder. Natürlich hatten die Götter, deren Namen in den Texten enthalten sind, nicht in menschlicher Schrift geschrieben.

Vielmehr hatten sie eine «kosmische» Schrift verwendet, die Yang Xi in normale chinesische Zeichen übertragen hatte.

In diesen neuen Texten fand eine Synthese südlicher und nördlicher Traditionen statt. Die Offenbarung vom Maoshan versprach den daoistischen Adepten einen Himmel der höchsten Qualität, den Himmel des Shangqing eben, der von Menschen beziehungsweise Göttern bevölkert wurde, die über den einfachen Unsterblichen standen. Bis zu Ge Hong war es das höchste Ideal des Daoismus gewesen, ein Unsterblicher zu werden. Eine darüber hinausgehende Vergöttlichung war nicht vorgesehen. Erstmals hören wir im *Shangqing*-Daoismus nun von den «drei klaren Regionen», den Drei Himmeln, von denen der unterste den Namen «Große Klarheit» (*Daqing*, auch *Taiqing*) trägt. Hier sind die Götter der Himmelsmeister angesiedelt, hier finden sich auch Alchemisten und andere Daoisten. Die Gottheiten, die dem Yang Xi erschienen waren, stiegen vom zweiten Himmel herab, demjenigen der «Höheren Klarheit» (*Shangqing*). Darüber waren die Götter der Jadeklarheit (*Yuqing*) angesiedelt, die so weit von den Menschen entrückt waren, dass man mit ihnen nicht kommunizieren konnte. Obwohl diese drei Himmel nebeneinander bestanden, waren die Götter der Jadeklarheit aus einem «Früheren Himmel» hervorgegangen, der *vor* der Schaffung von Himmel und Erde bestanden hatte. Gleichzeitig begann ein Kampf der neuen Gottheiten und Geister, welche die Texte des *Shangqing*-Daoismus offenbart hatten, gegen die alten, nun als volksreligiös angesehenen Gottheiten. Unter diesen neuen Göttern fand sich eine Reihe von Unsterblichen aus der Zeit der Han, unter anderem die Brüder Mao, nach denen der Berg Mao benannt ist.

Wie die Himmelsmeister, so waren auch die *Shangqing*-Meister hierarchisch organisiert. An ihrer Spitze standen Patriarchen, unter denen einzelne besonders herausragen: Der siebte Patriarch Lu Xiujing (406–477), von dem im Zusammenhang mit der *Lingbao*-Tradition noch mehr zu hören sein wird, ist von Bedeutung, weil er einen ersten systematischen Katalog daoistischer Schriften erstellte. Der oben erwähnte Tao Hongjing war der neunte Patriarch und ein Verwandter der Familien Xu und Ge.

Er unterhielt enge Beziehungen zu Buddhisten am Hof des Kaisers Wu der Liang-Dynastie (reg. 502–549), der als ein Patron des Buddhismus gilt. Bekannt wurde er als Spezialist für Kräuter und Arzneien. Der *Shangqing*-Daoismus war eine Bewegung von Angehörigen des Adels und der Elite. Durch und nach Tao Hongjing wurde die Schule bis zum Ende der Tang-Dynastie im zehnten Jahrhundert zum Zentrum des religiösen Daoismus. Der zwölfte Patriarch Sima Chengzhen (647–735) sollte zum Lehrer des Tang-Kaisers Xuanzong (685–762) und des Dichters Li Bo werden. Er lebte und lehrte am Berg Tiantai in Zhejiang, der mehr dafür bekannt ist, dass er Sitz der Tiantai-Schule des Buddhismus war. Heute finden sich dort sowohl buddhistische als auch daoistische Stätten. Nach Sima Chengzhen allerdings kehrten die *Shangqing*-Meister an den Mao-Berg zurück.

Der *Shangqing*-Daoismus ist eine viel stärker an die Bedürfnisse der chinesischen Elite angepasste Spielart des Daoismus als die Lehren der Himmelsmeister. Seine Führer drängten die Suche nach dem Kraut der Unsterblichkeit oder nach alchemischen Formeln, die für Ge Hong von zentraler Bedeutung waren, zurück. An ihre Stelle treten nun die «Leitfäden» (*jing*), die vom Himmel herabgesandt sind und von den Meistern nur an berechtigte Schüler weitergegeben werden, die sich ihrerseits verpflichten, das Werk nicht an unberechtigte Personen auszuhändigen. «Leitfaden» ist gleichzeitig das Wort, mit dem im Chinesischen das Wort *Sutra* übersetzt wird.

Auch die sexuellen Praktiken, bei denen es zur Vereinigung unverheirateter Partner unter Aufsicht von daoistischen Meistern kam, spielen im *Shangqing*-Daoismus nur noch eine untergeordnete Rolle. An ihre Stelle treten Meditationen, die zwar auch zuvor schon eine wichtige Rolle gespielt hatten, nun aber zentral für die religiöse Praxis werden. So lesen wir zum Beispiel in einem bedeutsamen Text des *Shangqing*, der «Hohen Schrift der von Geistern niedergeschriebenen Purpurtexte des Herrschers aus dem Goldenen Palast der Höheren Klarheit des Erhabenen Himmels» (*Huangtian shangqing jinque dijun lingshu ziwen shangjing*) von einer Gottheit namens «Pfirsichkind» oder «Pfirsichkraft», die aus der «Gelben Schrift, Leitfaden für das

Hinausgehen über das Maß» *(Huangshu guodujing)* bekannt ist. In der *Gelben Schrift* geht es um ein Ritual sexueller Vereinigung. In den «Purpurtexten des Herrschers aus dem Goldenen Palast» wird der Adept zunächst dazu angehalten, mit Zinnoberrot auf grünem Papier einen ursprünglich in Himmelsschrift verfassten Talisman abzuschreiben und ihn in Neumond- und Vollmondnächten mit dem Gesicht nach Norden gewandt zu schlucken, um ihn so unter Rezitation von Formeln dem Pfirsichkind, dem Großen Fürsten des Lebenspalastes (im eigenen Körper), zu präsentieren. Der Lebenspalast wird etwas weiter oben im Text definiert. Er befindet sich im «Mystischen Pass», der Passage, die «bei der Geburt die Plazenta mit den Eingeweiden verband», einem Ort also, der vom Nabel aus ins Innere des Körpers führt. Dort residiert das Pfirsichkind und mischt ursprünglichen Lebensodem (*qi*), um den Fötus im Inneren des Menschen zu nähren. Der Text kommt dann auf die Daoisten zu sprechen, welche einer Praxis des sexuellen Vampirismus nachgehen, bei dem «gelb» und «rot» gedreht werden und beide Partner versuchen, durch den sexuellen Kontakt Lebenskraft zu gewinnen. Die Purpurtexte legen diesen Adepten ans Herz, den Talisman zu schlucken, um den Prozess des Alterns aufzuhalten. Würden sie nämlich ohne diese zusätzliche Praxis mit ihren Übungen fortfahren, dann könnten sie zwar vielleicht tausend Jahre alt werden, würden aber danach doch wieder in die Große Dunkelheit zurückfallen – sie hätten eine lange Lebensspanne ganz umsonst erlangt. Daoisten aber, die sich regelmäßig des Nachts das Pfirsichkind in Meditation vorstellten, würden Transzendenz erlangen. Dann seien die zwischen Mann und Frau praktizierten Übungen zur Vermehrung der Lebensessenzen überflüssig. Geschlechtsverkehr mit einer Frau zum Zweck des Aufstiegs in den Himmel sei Betrug; diese Technik führe schneller zum Tod als der Hieb einer Axt.

Ein Detail, das am Rande interessieren mag, ist, dass in China der Gott des Langen Lebens – zusammen mit dem des Beamtengehalts und des Reichtums die wichtigste Trinität im chinesischen Volksglauben – regelmäßig als alter Mann mit einer gewölbten Stirn dargestellt wird, der in der Hand einen Pfirsich trägt, gleich

Das Schriftzeichen für «langes Leben» und die Götter des langen Lebens (oben), des Beamtengehalts (unten rechts) und des Reichtums (unten links)

dem Pfirsichkind also. Der alte Mann ist das Symbol des Menschen, der die Praktiken der gewöhnlichen Adepten hinter sich gelassen hat und in der Lage ist, auch ohne sie zur Unsterblichkeit zu gelangen, indem er ein transzendentes Kind aus seiner Stirn entstehen lässt. An diesen Vorstellungen ist ersichtlich, wie die alten daoistischen Sexualpraktiken im *Shangqing*-Daoismus allmählich sublimiert werden. Das Pfirsichkind sitzt in der Nähe der Geschlechtsteile, doch es steht für den Gedanken, dass der Daoist alleine üben kann, um die Unsterblichkeit zu erlangen.

Der wichtigste Text des *Shangqing* ist der «Wahre Leitfaden der Großen Höhlen» *(Dadong zhenjing)*, ein Text, den der Daoist rezitiert, um vom Himmel Götter herbeizurufen, die ihm helfen, gegen den Tod anzugehen. Er stellt sich während seiner Rezitationen einzelne Gottheiten des menschlichen Körpers bildlich vor, die dann aus dem Gehirn zu den Pforten des Todes herabsteigen. Dies sind Körperpunkte, durch die der Tod ein-

Durch Meditation lässt der Daoist das transzendente Kind heranwachsen, bis es seinem Kopf entweicht und er so unsterblich wird.

dringen kann. Die Körpergottheiten aber wachen über die Pforten und wehren den Tod an ihnen ab. Die wichtigsten dieser Körpergottheiten sind die «Drei Einen» (*san yi*), welche den drei Körperabschnitten vorstehen: Schon im *Huangting jing* ist der daoistische Körper in drei Teile untergliedert, die jeweils ein Zentrum beherbergen. Das oberste dieser sogenannten Zinnoberfelder (*dantian*), das den Namen «Schlammkugel» (*niwan*) trägt, ist im Gehirn angesiedelt. Darunter liegt ein Zinnoberfeld mit Namen «Scharlachpalast» im Herzen und schließlich ein weiteres mit Namen «Pforte des Lebens» knapp unterhalb des Bauchnabels. Unter den Drei Einen ist die höchste Gottheit der im Gehirn angesiedelte «Höchste Eine» (*Taiyi*). Den Drei Einen stehen die Drei Todbringer gegenüber, Parasiten, die in den unterschiedlichsten Teilen des menschlichen Körpers angesiedelt sind – dem Gehirn (*Niwan*), dem Mund, den Backen und den Augen, den Eingeweiden und in Blase, Genitalien, Anus und den Füßen. So wird der Körper zum Schlachtfeld zwischen den

Mächten des Lebens und des Todes. Meditation und bildliche Vorstellung sind die Hauptwege, über die der daoistische Adept dem *Shangqing* zufolge schließlich als Unsterblicher in Paradiesen wiedergeboren werden kann. Er kann allerdings auch in Höllen geraten, aus denen er durch Nachweis seiner Reinheit wieder aufsteigen kann. Grundsätzlich scheinen die Gottheiten des Körpers eine größere Rolle zu spielen als diejenigen der Himmel, von denen ebenfalls eine Reihe von Namen bekannt ist. Parallel zu den Drei Einen gibt es als Obergottheiten im Himmel die «Drei Ursprünglichen» (*san yuan*). Laozi taucht als Li Hong bzw. als Herrscher aus dem Goldenen Palast (*jinque dijun*) im Pantheon ebenso auf wie die Königinmutter des Westens, eine bereits aus Texten der Han-Zeit bekannte, am Berg Kunlun residierende Gottheit. In seinen Meditationen bereist der Adept des *Shangqing* entlegenste Gegenden der Welt, aber auch die Planeten, die Sonne, den Mond, kurz alle Himmel. Der am weitesten entfernte Punkt, den er erreicht, ist der Große Bär.

Ein wichtiger Aspekt des *Shangqing*-Daoismus sind auch seine eschatologischen Vorstellungen: *Shangqing*-Texte zeigen eine klare Tendenz zur Annahme eines bevorstehenden Weltendes: Spekulationen, die stark an die des Nostradamus erinnern, legten das Ende der Zeit auf bestimmte Daten fest, die allerdings unterschiedlich gedeutet werden konnten. Wie bei dem Himmelsmeister Kou Qianzhi, so spielte auch in dieser Tradition die Vorstellung davon, dass das «Saatvolk» auserwählt sei, nach dem Zusammenbruch wieder neu beginnen zu können, eine wichtige Rolle. Allein der Besitz von *Shangqing*-Texten konnte das Heil bringen. So erstaunt es nicht, dass die *Shangqing*-Meister versuchten, ein Monopol auf ihre Texte, denen sie talismanische Funktionen zusprachen, zu beanspruchen und zu wahren. Die Transmission von Texten machte den Adepten zum Meister. Sie wurde deshalb zu einem kostbaren Gut, das teuer zu bezahlen war; dies ist wahrscheinlich einer der Hauptfaktoren für den Aufschwung, den die daoistische Kirche in dieser Zeit nehmen konnte. Erstmals wurden nämlich in größerem Maßstab daoistische Tempel oder «Belvedere» (*guan*) gebaut, in denen Rituale zelebriert wurden.

Der *Shangqing*-Daoismus setzte sich bald als wichtigste daoistische Tradition durch und wuchs an Bedeutung über die Himmelsmeister hinaus. Wir können seine Stellung, die er bis zum Ende der Zeit der Dynastie Tang wahren konnte, zum Beispiel an den Inhalten der ersten großen daoistischen «Enzyklopädie» ablesen, dem auf das Jahr 574 zu datierenden *Wushang biyao* («Die geheime Essenz für das, worüber es nichts mehr gibt»), einer daoistischen Zitatensammlung, die fast ausschließlich von *Shangqing*-Texten geprägt ist. Darin werden die daoistischen Lehren in verschiedene Gruppen unterteilt: Erstens Lehren, die den Himmel, die Sterne und die Unsterblichen oder die Erde und die Regierung betreffen (1–7), zweitens Lehren über göttliche Wesen und ihre Wohnorte (8–23), drittens heilige Schriften und Talismane (24–40), viertens Regeln und Vorschriften (41–57), fünftens Unsterblichkeitstechniken, Drogen und Elixiere (Kap. 66–82) und schließlich sechstens die Ränge und Mächte von Unsterblichen (83–100).

Man kann an dieser Unterteilung gut sehen, welche Themen für die *Shangqing*-Daoisten wichtig waren. Besonders im ersten Abschnitt sind sehr starke Einflüsse des Buddhismus sichtbar: Die Vorstellung von drei verschiedenen Welten, von denen sich die höchste dadurch auszeichnet, dass Menschen darin viele «Kalpas», also viele Millionen Jahre dauernde Zeitalter, lang leben können, wäre ohne Buddhismus nicht denkbar gewesen. Interessant sind auch die Bäume, die in unterschiedlichen Paradiesen auftauchen, sowie die Früchte, mit deren Hilfe Unsterblichkeit zu erlangen ist. Ein ganzes Kapitel (5) ist dem Menschen gewidmet und den verschiedenen Elixieren, die er aus den Himmeln erhält, sowie dem Odem, der ihn durchflutet. Es folgen darin die Namen der Götter, die den Menschen bewohnen. Der Text kehrt dann zu Herrschern des Dao zurück sowie zur Geographie und zur Regierung. Im zweiten, leider sehr lückenhaften Abschnitt werden uns die Himmelsbürokratie und die Biographien von Heiligen vorgestellt. Auch die Himmelspaläste werden eingehend beschrieben.

Im dritten Abschnitt geht es um die Wirkmächtigkeit von himmlischen Schriften und die verschiedenen Methoden, wie man mit ihrer Hilfe die Götter anruft. Des Weiteren wird beschrieben, wie der daoistische Meister mit Texten umzugehen hat, aber auch, wie er sie an Schüler weitergibt, und schließlich, bei welchen Ritualen er welche Schriften zu rezitieren hat. Unter den Regeln, die im vierten Abschnitt gelehrt werden, stechen unter anderem solche hervor, die dem Schüler erklären, wie er sich seinem Lehrer gegenüber zu verhalten hat. Darüber hinaus werden Sexualpraktiken kritisiert, die zur Unsterblichkeit führen sollen. Auch Regeln für die richtige Kleidung eines Daoisten finden sich hier, ebenso wie solche für das richtige Vorgehen beim Lesen. Umfangreichen Raum nehmen die Fastenvorschriften ein. Außerdem werden Unsterblichkeitstechniken gelehrt. In den letzten Kapiteln stehen Listen von historischen Persönlichkeiten, die verschiedene himmlische Positionen erreichten: So gibt es bekannte Generäle, Kaiser (wie zum Beispiel den Gründer der Han) und Literaten, die zu Dämonenbeamten wurden, was der untersten Hierarchiestufe im Himmel entspricht. Auf sie folgen verschiedene Stufen daoistischer Perfektion bzw. verschiedene Himmel, in welche historische Persönlichkeiten eingingen. Dies gibt den *Shangqing*-Texten die Gelegenheit, die konkurrierende Himmelsmeistertradition in niederen Himmeln anzusiedeln, während der nächsthöhere Himmel immerhin von solch illustren Persönlichkeiten wie Zhuang Zhou oder den mythischen Kaisern Shun und Yu bevölkert ist. Nach verschiedenen Methoden, den leiblichen Körper beim Übergang in die Unsterblichkeit zu entsorgen, beginnt die Enzyklopädie in ihren letzten Kapiteln damit, die irdischen und die himmlischen Orte zu beschreiben, an die der Unsterbliche schließlich gelangen kann. Es handelt sich dabei um himmlische Paläste. Ganz zum Schluss folgen als höchste Stufen keine Himmel mehr, sondern die Einheit mit dem Vergessen und dem Von-Selbst-So-Sein des *Daode jing*.

9. Lingbao: Der Daoismus unter buddhistischem Einfluss

Nach den Tang gingen die *Shangqing*-Traditionen unter. Deren große Synthese war das *Wushang biyao*. Für den Niedergang mag es unterschiedliche Ursachen geben. Eine davon ist das Erstarken konkurrierender Traditionen. Die wichtigste dieser Traditionen steht genauso in Verbindung mit der Familie des Ge Hong wie der *Shangqing*-Daoismus. Es handelt sich um den Daoismus des «Schatzes der göttlichen Wirkkraft», auf Chinesisch «Lingbao». Das Wort «Lingbao» geht auf den Terminus «Geistwächter» zurück und meint einen Wächter der Seele eines verstorbenen Ahnen, einen, der in der Lage ist, mit dem Jenseits Verbindung aufzunehmen. Im Daoismus bezeichnet der Begriff zunächst eine Gruppe von Texten, deren erster den Titel «Leitfaden für die Fünf Talismane des Schatzes der göttlichen Wirkkraft» (*Lingbao wufu jing*) trug. Ein Text mit dem Titel «Vorwort zum [Leitfaden für] die Fünf Talismane» (*Wufu xu*) ist heute im daoistischen Kanon erhalten. In dieser wohl im Laufe des vierten Jahrhunderts entstandenen Schrift werden unter anderem die Herrscher der Fünf Himmelsrichtungen (die Mitte gehört in China traditionell zu den Himmelsrichtungen) beschrieben. Sie enthält graphische Abbildungen von Talismanen, die dem Adepten Schutz bei Reisen oder Ausflügen in die Berge verleihen sollen, sowie Hinweise auf verschiedene Lebensverlängerungstechniken, die uns auch aus apokryphen Schriften bekannt sind. Zum Beispiel wurden dem Sesam offenbar besonders günstige Eigenschaften zugeschrieben. Die Austreibung der «Drei Würmer» aus den Eingeweiden sollte mit diversen Kräutern und Blätterextrakten zu bewerkstelligen sein. Ähnliches gilt für den «Wahren Text in fünf Abschnitten» (*Wupian zhenwen*), den Ge Chaofu, ein Nachfahre des Ge Hong, um das Jahr 400 verfasst haben dürfte. Ge Chaofu ist gleichzeitig die Person, auf die auch die anderen rund 40 Schriften zurückgehen könnten, die heute mit dem Begriff «Lingbao» in Verbindung gebracht werden. Er sagte, dass sie von Ge Xuan, einem Großonkel des Ge Hong, auf ihn gekommen seien, dass sie also viel älter seien als die *Shangqing*-Schriften. Im fünften Jahrhundert scheinen *Lingbao*-Tempel in nächster Nähe zu den *Shangqing*-Tempeln am Berg Mao gestanden zu haben.

Ein Großteil des *Lingbao*-Schrifttums ist stark von buddhistischen Gedanken durchdrungen, und es liegt deshalb nahe, anzunehmen, dass es erst entstehen konnte, nachdem sich durch Kumarajiva (344–413), den bedeutendsten frühen Übersetzer buddhistischer Sutren und anderer Lehrtexte, der Buddhismus in weiteren Kreisen der Bevölkerung ausgebreitet hatte. Unter anderem ist die *Lingbao*-Tradition stark von den Vorstellungen von Karma und Wiedergeburt durchdrungen. Wie im Buddhismus wird die Wiedergeburt nicht als ein grundsätzlich positiver Sachverhalt angesehen, allerdings aus anderen Gründen: Wenn nämlich die Vorfahren eines Daoisten in einer anderen Familie wiedergeboren werden, dann hat der Ahnenkult keinen Adressaten mehr. Daher sahen die *Lingbao*-Schriften die Rezitation von daoistischen Texten vor, durch die man den Ahnen eine möglichst günstige Wiedergeburt verschaffte und sie gleichzeitig moralisch an die Familie band.

Vor allem aber macht sich im *Lingbao*-Daoismus der Einfluss des Mahayana-Ideals vom Bodhisattva bemerkbar, der seine eigene Buddhaschaft hinauszögert, um anderen Menschen zu helfen. Der populärste Text der *Lingbao*-Schriften ist die «Schrift über die grenzenlose Erlösung» (*Duren jing*) der Menschheit, die seit dem zwölften Jahrhundert, in dem der Song-Kaiser Huizong (1082–1135, reg. 1100–1126) dem Text besondere Wertschätzung zuteil werden ließ, bis auf den heutigen Tag den ersten Text im daoistischen Kanon darstellt. Er verdankt diese Position der Tatsache, dass er über Jahrhunderte hinweg im daoistischen Ritual Verwendung fand. Das *Duren jing* beginnt mit einer Ansprache des Herrn des Dao, wohl des vergöttlichten Laozi, der davon berichtet, wie er die Schrift im Altertum in einem Himmel erhielt, dessen Name merkwürdig an aus dem Sanskrit transkribierte Silben erinnert. Der Herr des Dao berichtet dann davon, dass die höchste Gottheit des *Lingbao*, ein «Himmlischer Würdiger des ursprünglichen Anfangs», die Schrift mehrfach rezitiert habe, um die himmlischen Geister und die Vollkommenen Menschen und Weisen zu sich zu rufen. Die erste Rezitation des Textes habe die tauben Menschen auf der Erde wieder hören und die zweite die Blinden wieder sehen lassen. Die Stummen konnten wieder sprechen und die Lahmen wieder gehen. Kranke gesundeten, weiße Haare wurden wieder schwarz, verlorene Zähne wuchsen erneut. Nach einigen weiteren Wundern erstanden die Toten wieder zum Leben auf. Diese Wirkmacht der «Schrift über die grenzenlose Erlösung» ist der Grund dafür, dass sie bis auf den heutigen Tag rezitiert wird. Ein langer Eingangsteil verspricht, welche unterschiedlichen Heilsformen demjenigen zuteilwerden, der sie anstimmt. Darauf folgen Vorschriften darüber, welche rituellen Verrichtungen für die Praxis des Dao vorzunehmen sind.

Im Hauptteil geht es um die Namen verschiedener Gottheiten. Der höchste unter ihnen ist der «Himmlische Würdige des ursprünglichen Anfangs», ein Titel, der wahrscheinlich auf eine der Bezeichnungen des Buddha zurückgeht. Er diente offenbar dazu, den Buddhisten die Position des frühesten Welterlösers streitig zu machen. In ähnlicher Weise gingen die Vertreter des *Lingbao* auch mit der *Shangqing*-Tradition um: Sie bestritten nicht die Authentizität oder die Wirksamkeit ihrer Schriften, sagten aber, dass diese aus niedrigeren Himmeln offenbart worden seien als die eigenen. Auch dass weibliche Gottheiten anstelle von männlichen sie weitergereicht hatten, belegte, dass es sich um eine minderwertigere Form der Offenbarung handeln musste. Am ersten Anfang der Welt gab es nur Brahma-Odem, von dem der Himmlische Würdige zunächst nicht zu unterscheiden war. Im ersten Zeitalter aber erschien er. Zahlreiche weitere Zeitalter, die auf die buddhistische Kalpa-Lehre zurückgehen, folgten, bis der Himmlische Würdige schließlich in der Periode des «Roten Glanzes» als «Namenloser Herr» auftrat. Damals erschienen auch die *Lingbao*-Schriften, unlesbar noch, weil sie in himmlischer Brahma-Schrift geschrieben waren. Erst als der

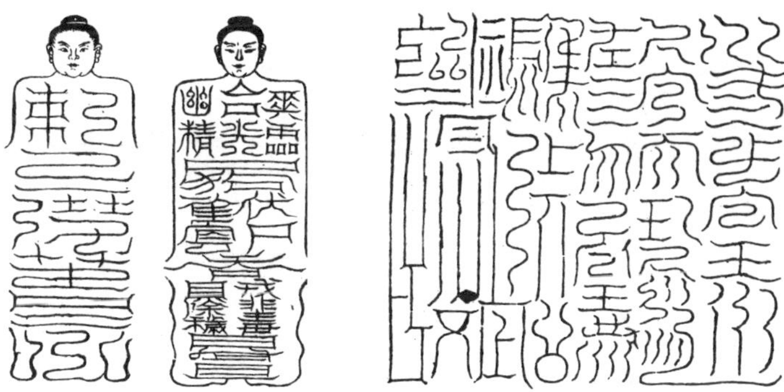

Lingbao-Talismane mit Köpfen; Lingbao-Talisman für die nördliche Himmelsrichtung (rechts)

Himmlische Würdige dieses Pseudo-Sanskrit transkribierte und daraus den «Wahren Text in Fünf Abschnitten» machte, konnte man in China nachvollziehen, was der Himmel geoffenbart hatte.

In den 32 Himmeln des *Lingbao*, welche spätere Kommentatoren in die aus dem Buddhismus bekannten drei Zonen des Begehrens, der Form und der Formlosigkeit einteilen, wohnen das himmlische Volk sowie nicht weiter differenzierte Dämonenkönige. Wichtiger als diese sind jedoch die Körpergottheiten, die wir aus den *Purpurtexten* bereits kennen. Vier von ihnen spielen in der Schrift über die grenzenlose Erlösung eine besondere Rolle, nämlich «Prinz Blütenlos», der «Ehrwürdige Geist Weißanfang», die «Große Einheit Herr über das Schicksal» und «Pfirsichkraft». Sie sichern das Geschick des Menschen und seine Lebenswurzel, sie ordnen seinen Atem und bringen die zahllosen anderen Geister in Einklang.

Neben den Himmeln kannte die *Lingbao*-Tradition auch mehrere Höllen, die in Form von Gerichtshöfen konstruiert waren. Wir wissen von hierarisch strukturierten Unterwelten mittlerweile auch durch Textfunde der chinesischen Archäologie. Insofern greift der *Lingbao*-Daoismus auf Bestehendes zurück. Insgesamt ist seine Lehre von starken messianistischen Erwartungen geprägt, von einem Weltenende und einem Erretter, der einst nur das erwählte Volk retten wird, nachdem eine Vielzahl von Katastrophen die Menschheit heimgesucht haben wird. Das erwählte Volk versucht sich mit allerhand Methoden zu schützen: Es greift zu Talismanen und Unsterblichkeitsübungen. Wie in anderen Schulen auch, hält es sich an strikte moralische Regeln und komplizierte Fastenzeremonien, die zur Buße für Sünden dienen.

10. Die staatliche Regelung des Daoismus unter den Tang (7.–9. Jahrhundert)

Mit dem Anbruch einer gefestigten Herrschaft durch die Tang-Dynastie (618–907), der ersten stabilen Macht seit den zu Beginn des dritten Jahrhunderts verloschenen Han, trat auch der Daoismus in eine neue Phase ein. Wir hören nun nicht mehr von neuen Offenbarungen. Stattdessen ermöglichen die Herrscher dem Daoismus eine Phase der Konsolidierung. Ihr Nachname ist Li, genauso wie derjenige des Laozi, und sie fühlen sich der daoistischen Lehre enger verbunden als den konkurrierenden Buddhisten. Dem Konfuzianismus, ursprünglich eher eine Staatslehre, fügen die Tang Elemente hinzu, die an die Religion des Daoismus erinnern: Konfuzius erhält ähnliche Ehrentitel wie Laozi, und der ihm gewidmete staatliche Kult ähnelt demjenigen des Laozi. Die daoistischen Texte *Daodejing* und *Zhuangzi* werden sogar zum Bestandteil des für die staatlichen Beamtenprüfungen vorgesehenen Lehrplans. Daneben gibt es staatliche Prüfungen in daoistischen Texten wie der «Schrift zur grenzenlosen Erlösung», die absolvieren musste, wer Mönch werden wollte. Daoistische Lebenshaltung breitete sich aus. Sie ist besonders in der Dichtung, für die die Tang-Zeit berühmt ist, spürbar. Daoistische Themen wie Weltflucht und Einsiedelei sind in der Tang-Dichtung prominent vertreten.

Schon bei der Gründung der Tang-Dynastie hatten daoistische Gruppen die Gelegenheit ergriffen, auf sich aufmerksam zu machen, indem sie verkündeten, dass ein weiser Herrscher mit dem Nachnamen Li erscheinen werde. Unter anderem hatte Laozi persönlich einen Gott entsandt, den der Gründerkaiser der Tang 620 zum weisen Gründerahn der Dynastie ernannte. Den Daoisten wurde nun per kaiserlichem Edikt der Vorrang gegenüber den Buddhisten eingeräumt. Streitgespräche bei Hofe, wie es sie schon in der Zeit der südlichen Dynastien gegeben hatte, folgten. Sie änderten aber an der kaiserlichen Entscheidung nichts. Daoistische Mönche wurden an den Hof berufen. Dem *Daodejing* wurde nun heiliger Status zugesprochen. Eine kaiserliche Prinzessin wurde daoistische Nonne. Der Arzt Sun Simiao (601–693) verdient im Kontext des frühen Tang-zeitlichen Daoismus ebenfalls eine Erwähnung, denn er ist wohl der bekannteste Arzt der chinesischen Tradition überhaupt. Eine neue philosophische Spielart des Daoismus wurde ausgerufen, nämlich der Daoismus des «Doppelten Dunklen» (*Chongxuan*). Der Terminus entstammt dem letzten Doppelvers des *Daodejing*, in dem es heißt: «Dunkel und nochmals dunkel, die Pforte alles Wunderbaren.» Mit starker Tendenz zur buddhistischen Philosophie wird hier die Paradoxie erörtert, dass über die Lehre gesprochen wird, obwohl sich ihre Wahrheit eigentlich jeder Rede entzieht. Auch die aus dem siebten Jahrhundert stammende «Schrift von der Schwelle des Entstehens» (*Benji jing*), die, wie zahlreiche Textfunde in dem Ende des neunzehnten Jahrhunderts entdeckten Textmaterial aus den Höhlen von Dunhuang belegen, während der Tang-Zeit sehr beliebt gewesen sein muss, wendet buddhistische Terminologie ins Daoistische: Sie spricht vom «Verlassen der Familie», das bei den Buddhisten die Mönchswerdung bezeichnet, redet vom «Gesetz» (*fa*), das im Buddhismus *Dharma* bedeutet und das keine Schriften benötige, und sie gibt Anweisungen zur Meditationspraxis. Analog zur Buddha-Natur (*foxing*) spricht sie von der Dao-Natur (*daoxing*) des Menschen. Cheng Xuanying (Mitte des siebten Jahrhunderts), der unter anderem auch einen Kommentar zur «Schrift der grenzenlosen Erlösung» verfasst hat, trat vor allem mit einem Subkommentar zur *Zhuangzi*-Auslegung des Guo Xiang in Erscheinung. Auch dieser Kommentar, der bis heute ein fast allen seriösen *Zhuangzi*-Ausgaben beigefügtes Standardwerk ist, erweist sich als stark von buddhistischem Gedankengut beeinflusst.

Zudem scheinen die daoistischen Meditationspraktiken der Tang auf buddhistische Vorbilder zurückzugehen. Die Technik der «Innenschau» (*neiguan*) dient dem Erlangen des «Dao». Beschrieben ist sie in Werken wie der «Schrift über die Innenschau» (*Neiguan jing*), in der dem Herrn Lao eine Beschreibung davon in den Mund gelegt ist, wie der menschliche Embryo zu einem geistigen Wesen heranwächst und wie seine Körpergottheiten beschaffen sind. Er ermahnt zu Ruhe und Begierdelosigkeit und fordert zur Erkenntnis der einzelnen Bewusstseinsschichten auf, die es allerdings, anders als im Buddhismus, nicht zu zerschlagen gilt. Der wichtigste Theoretiker der Innenschau ist Sima Chengzhen, der zwölfte Patriarch des *Shangqing*-Daoismus, der einen Traktat mit dem Titel «Abhandlung über das Vergessen im Sitzen» (*Zuowang lun*) verfasst hat. Darin beschreibt er sieben Schritte zum Erlangen des «Dao», von denen der letzte die Auffahrt in den Himmel ist. Ziel der Innenschau ist es, in seinen Aktivitäten ein geistiges Licht scheinen zu lassen und die eigene Person als Einheit mit dem «Dao» zu begreifen, so dass auch der Tod nur noch als ein Übergang begriffen wird – ganz wie es im Übrigen schon das *Zhuangzi* fordert. Sima Chengzhen wurde von mehreren Herrschern der Tang eingeladen. Dem Kaiser Xuanzong verlieh er die Laienordination und belehrte ihn, wofür ihm der Kaiser im Gegenzug eine Abtei in der Nähe der Hauptstadt Chang'an zuwies. Nachdem Sima Chengzhen zum Unsterblichen geworden war, ließ Xuanzong auch dessen Nachfolger ähnliche Ehren zukommen.

Seit 741 gab es in allen Distrikten des Reiches unter den Tang auf staatliche Anweisung hin Tempel für Laozi, und ab 743 wurden Daoisten sogar der Aufsicht des Hofes für die Kaiserliche Familie unterstellt. Zum Funktionsbereich dieses Amtes zählten Daoisten nun kraft der Tatsache, dass ihr Ahn Laozi denselben Nachnamen gehabt hatte wie die Tang-Kaiser.

Die Rebellion des An Lushan (703–757) im Jahr 755, die der Tang-Blütezeit ein jähes Ende setzte, bedeutete auch für den Daoismus einen abrupten Schwund an Einfluss. Die Maoshan-

Linie der späten Tang-Zeit lässt sich wohl aus diesen Gründen nicht mehr vollständig rekonstruieren, und die Himmelsmeister – ein Titel, der auch Sima Chengzhen verliehen worden war – sind ebenfalls nur unter Mühen als einheitliche Religionsgemeinschaft zu verfolgen. Der berühmteste Daoist dieser Zeit war der Ritualmeister Du Guangting (850–933), der 875 vom Kaiser Xizong an den Hof berufen wurde und dort als Berater wirkte. 881 wurde Chang'an von Rebellen erneut heimgesucht, worauf Du Guangting nach Sichuan an den Berg Qingcheng floh, das daoistische Zentrum, das mit dem Namen des Zhang Daoling, des Gründers der Fünf-Reisscheffel-Sekte, verbunden ist. Du Guangting ist bekannt für eine große Zahl von Schriften, die er in Chang'an und vor allem später in Sichuan verfasst zu haben scheint. Darunter finden sich neben Wundergeschichten und Heiligenbiographien auch reguläre Beamtenwerke, Dichtung und andere Texte, die denen nicht-daoistischer Gelehrter ähneln. Bei ihm ist der Daoismus endlich in der Hauptströmung chinesischer Gelehrsamkeit angekommen.

Ein weiteres Merkmal, das belegt, dass in der Tang-Zeit die formative Phase des Daoismus abgeschlossen war, ist das gehäufte Aufkommen daoistischer Enzyklopädien, die das Wissen früherer Zeiten sammeln und kondensieren. Wichtigster Text dieser Gattung ist «Der Perlenbeutel aus den Drei Höhlen» (*Sandong zhunang*), in dem Zitate aus früheren Texten zur daoistischen Praxis auf allen Ebenen zusammengetragen wurden. Zunächst enthält das Werk Biographien erfolgreicher Daoisten, worauf einige Kapitel mit Angaben zur daoistischen Alchemie und mit diätetischen Vorschriften, etwa zur Enthaltsamkeit von Getreide, folgen. Meditation, Rituale und daoistische Kosmologie machen weitere Abschnitte aus, außerdem gibt es Kapitel über die Verwaltung von Himmel, Erde und Unterwelt. Schließlich werden göttliche Zeichen beschrieben, die daoistische Zeitalterlehre und die Etappen der Leben des Laozi. Mehr mit der daoistischen Weltsicht ist das *Daojiao jishu* befasst, in dem buddhistische Konzepte daoistisch ausgedeutet werden. So ist in Anlehnung an die buddhistische Unterteilung in Mahayana und – abwertend – Hinayana die Rede von «Fahrzeugen» des

Dao oder vom Gesetzeskörper (chin.: *fashen*; Sanskrit: *dharmakaya*). Die «Sieben Streifen aus dem Büchersack in den Wolken» (*Yunji qiqian*) sind vielleicht eine der wichtigsten authentischen Quellen zum Daoismus der Tang, entstanden jedoch in der darauf folgenden Zeit der Song-Dynastie um das Jahr 1020.

Das daoistische Klosterwesen war unter den Tang streng staatlich geregelt. Es gab klare Vorschriften für das Verhalten von daoistischen und buddhistischen Mönchen. Ihnen war eine strikte Kleiderordnung vorgeschrieben, und sie durften keinen einträglichen Nebenerwerbstätigkeiten, wie zum Beispiel dem als Scharlatanerie angesehenen Vorhersagen der Zukunft, nachgehen. Auch das Glücksspiel und verschiedene andere weltliche Vergnügungen waren verboten. Diese Verbote lassen darauf schließen, dass derlei Aktivitäten ein Problem darstellten, nachdem sich das Mönchtum in der Gesellschaft ausgebreitet hatte.

11. Hinwendung zur Innenschau (10.–14. Jahrhundert)

Der Übergang von der Tang- zur Song-Zeit (960–1280) war ein Umbruch von bis dahin nicht gekanntem Ausmaß, weil sich die Struktur der Gesellschaft grundlegend veränderte. Alteingesessene Adelsfamilien verloren ihre Stellung und wurden durch neue Eliten ersetzt, die ihren Aufstieg nicht mehr ihrer Herkunft, sondern ihrer im Studium erworbenen Ausbildung verdankten. Gleichzeitig wuchs die außenpolitische Bedrohung durch zentralasiatische Völker, die den Song militärisch überlegen waren und weite Teile Nordchinas besetzten, um dort eigene Dynastien zu errichten, bis schließlich die Mongolen im dreizehnten Jahrhundert eine neue Herrschaft etablieren konnten. Auch auf religiösem Gebiet brachten diese Veränderungen Neuerungen mit sich. Insbesondere scheinen sich neue Gottheiten etabliert zu haben, die zu einem vergrößerten Pantheon führten, das auch die daoistischen Tempelkulte veränderte. Lokale Kulte begannen damit, Einfluss auf die monastischen Traditionen zu nehmen. Schon in den Schriften des Du Guangting lässt sich erkennen, wie wichtig es für die etablierten drei Formen des Daoismus (die Himmelsmeister bzw. der *Zhengyi*-Daoismus, *Shangqing* und *Lingbao*) wurde, die neuen lokalen Traditionen zu integrieren. Am Berg Longhu in Jiangxi hatte sich zum Beispiel eine Zhang-Familie von Himmelsmeistern gefunden, welche der eingesessenen Himmelsmeisterschule den Rang ablief. Neben dem Maoshan und dem als Ursprungsort des *Lingbao* erkorenen Berg Gezao, der ebenfalls in Jiangxi lag, wurde der Longhu zum wichtigsten Zentrum des Song-zeitlichen Daoismus. Tantrische Schriften, die seit Beginn der Song-Zeit sogar auf staatliche Anweisung hin aus dem Tibetischen ins Chinesische übersetzt wurden, trugen ihren Teil dazu bei, dass sich das Gesicht des daoistischen Kultes änderte. Nun begannen die Himmelsmeister auch, exorzistische Donnerriten einzuführen.

Unter den zahlreichen Göttern, die der Daoismus in der Song-Zeit integrierte, ist Wenchang besonders hervorzuheben. Die ursprünglich in Sichuan verehrte Gottheit wurde zum chinesischen Gott der Literatur. Wenchang wird bis heute in zahlreichen daoistischen Tempeln verehrt. Die Bedeutung dieses Kultes liegt darin, dass er eine weitere Verbindung zur chinesischen Literatenkultur schuf. Überhaupt ist die Zeit der Song eine Phase, in welcher der Daoismus noch stärker ins Leben der traditionell eher konfuzianisch beeinflussten chinesischen Oberschicht einsickerte, als dies zuvor der Fall gewesen war. Der Dichter Su Shi (Su Dongpo, 1037–1101) experimentierte zum Beispiel mit Zinnoberdrogen und versuchte sich an daoistischen Meditationstechniken.

Schon Kaiser Zhenzong (998–1022) war dem Vorbild des Tang-Gründers gefolgt und hatte sich zum Nachfahren einer daoistischen Gottheit erklärt. Er ging sogar war so weit, einen daoistischen Alchemiker zu protegieren, und ließ im Allerheiligsten der konfuzianischen Schrifttraditionen, in der Kaiserlichen Akademie, eine Stätte zur Herstellung von Gold einrichten. Kaiser Huizong (1100–1126) etablierte eine daoistisch-theokratische Herrschaft und ließ sich selbst in den Rang einer Gottheit erheben. Darüber hinaus ließ er die Strukturen der Himmelsmeister am Longhushan ausbauen und buddhistische Kulte bannen. 1112 ehrte er den Xu Xun, eine lokale Kultperson aus Jiangxi, weil er hoffte, dieser könnte das Reich vor den Dschurdschen beschützen, und 1114 forderte er zur Kompilation eines neuen daoistischen Kanons auf. Jedoch waren diese Aktivitäten dem Daoismus nicht unbedingt zuträglich, denn Huizong, der außerdem für den Bau eines riesigen Steingartens in Suzhou ein Büro einrichten ließ, genießt in der chinesischen Tradition keine hohe Reputation: Seine Verschwendungssucht und seine daoistische Weltverlorenheit werden als Grund dafür angesehen, dass 1126 die Dschurdschen in Nordchina einmarschieren und den Song einen erniedrigenden Friedensvertrag aufzwingen konnten, der sie zum Verzicht auf das Mutterland der chinesischen Zivilisation zwang. Huizong selbst starb in Gefangenschaft der Dschurdschen. Das kulturelle Zentrum Chinas verlagerte sich in den Süden.

Die entscheidende Neuerung der Zeit aber fand im von den Dschurdschen beherrschten Norden Chinas statt. Hier gründete Wang Zhe (1113–1170), Angehöriger einer Elitefamilie aus Xianyang in der Nähe des heutigen Xi'an, die Schule der «Vollständigen Wahrheit» (*Quanzhen*), die allerdings zu seiner Zeit noch nicht so hieß, obwohl Wang Zhe den Begriff verwendete. Wang hatte im Alter von 48 Jahren eine Reihe daoistischer Offenbarungen. Er lebte für mehrere Jahre in einem Grab und machte sich dann auf den Weg nach Shandong, wo er fünf verschiedene Gemeinden gründete, in denen er die Einheit der drei Lehren Konfuzianismus, Daoismus und Buddhismus predigte. Mit der Lehre des Wang Zhe ist eine Abkehr vom Ideal der Unsterblichkeit verbunden. Wichtiger ist dem *Quanzhen*-Daoismus die spirituelle Vervollkommnung in der Welt. Nach buddhistischem Vorbild forderte er den Zölibat, der also interessanterweise fast zur selben Zeit eingeführt wurde wie in der katholischen Kirche Europas, wo es ein Gebot der sexuellen Enthaltsamkeit zwar schon früher gegeben hatte, Priester aber erst seit dem elften Jahrhundert ehelos sein mussten. Auch auf anderen Gebieten – Alkohol und Sexualität – schrieb er seinen Anhängern Enthaltsamkeit vor. Neben daoistischen Schriften befürwortete er auch die Lektüre einführender konfuzianischer und buddhistischer Texte.

Unter den sieben wichtigen Schülern des Wang Zhe ist besonders der Name des Qiu Chuji (1148–1227) hervorzuheben, der 1219 von Dschingis Khan nach Zentralasien gerufen wurde. Dieser Besuch am Hof des Mongolenherrschers, der damals noch nicht seine ganze Machtfülle entfaltet hatte, dessen Ambitionen und Potential jedoch bereits sichtbar gewesen sein dürften, trug erheblich zum Erfolg und zur Popularität der *Quanzhen*-Schule bei. Qiu Chuji, der sich mit 18 Schülern umgab, verfasste während der drei Jahre dauernden Reise nach Karakorum unter dem Titel «Aufzeichnungen des Wahren Menschen Changchun über seine Reise in den Westen» (*Changchun zhenren xiyou ji*) ein Tagebuch, das neben interessanten Details zu den Orten, durch die er kam, auch einen längeren Teil über die Doktrin seiner Sekte enthält. Dschingis Khan ernannte Qiu zum Dank für seinen Besuch zum Führer aller Religionen und nahm seine Anhänger von der Steuerpflicht aus. Dies führte für die *Quanzhen*-Schule zu einem goldenen Zeitalter, das allerdings auch schon den Keim des Niedergangs in sich trug. Andere Religionen, insbesondere buddhistische Mönche, beschwerten sich nämlich über die Machtfülle, zu der die *Quanzhen*-Meister gelangt waren. Diese hätten zur gewaltsamen Inbesitznahme buddhistischer Tempel und zur Zerstörung von Buddhastatuen geführt. Zudem würden die Lehren des *Huahu jing* verstärkt verbreitet. Hofdebatten wie zur Zeit der Tang wurden daraufhin abgehalten, bei denen sich die Daoisten, zu denen sich sogar Hilfstruppen aus der Himmelsmeisterschule gesellten, ihren buddhistischen Gegenspielern als hoffnungslos unterlegen erwiesen. Dies führte dazu, dass der erste mongolische Herrscher über ganz China, Kublai Khan (1215–1294), per Erlass verfügte, dass die daoistischen Schriften mit Ausnahme des *Daodejing* verbrannt und die Daoisten zu Buddhisten gemacht werden sollten. Grund für diese radikale Maßnahme dürfte gewesen sein, dass Kublai Khan kurz zuvor einen tibetischen Lama, den Phags-pa, an seinen Hof gerufen und gerade mit einer ersten buddhistischen Mission der Mongolen begonnen hatte. Allerdings enthält die Geschichte der mongolischen Yuan-Dynastie (*Yuanshi*) einen Eintrag, dem zufolge Kublai Khan den 36. Himmelsmeister Zhang Zongyuan (1244–1291) als Oberhaupt aller Daoisten in Südchina einsetzte.

Im 14. Jahrhundert wurde der *Quanzhen*-Schule neues Leben eingehaucht. Sie wandte sich von ihren ursprünglichen asketischen Idealen ab und erreichte damit, dass sie neben den Himmelsmeistern, die sich eher den Ritualtraditionen verpflichtet fühlen, als eine von zwei daoistischen Schulen bis auf den heutigen Tag überlebt hat. Mehr den alchemistischen Traditionen des Daoismus verpflichtet, liegt ihr Haupteinflussgebiet nach wie vor in Nordchina, obwohl es auch im Süden *Quanzhen*-Daoisten gibt. Haupttempel ist das «Belvedere der Weißen Wolken» (*Baiyun guan*) in Peking, das heute auch Sitz der Chinesischen Daoistischen Vereinigung ist, der Dachorganisation aller Daoisten in der Volksrepublik China.

Ein wichtiger Bestandteil der Lehren der *Quanzhen*-Schule ist die sogenannte Innere Alchemie (siehe unten, S. 91). Wang Zhe lehrte die Notwendigkeit von Reinheit und meinte damit vor allem die aus der buddhistischen Praxis bekannte sexuelle Enthaltsamkeit sowie den Verzicht auf Alkohol und Fleisch. Hierdurch sollen seine Anhänger die «wahre Odemkraft» (*zhenqi*) erhalten. Auch die Schau des eigenen Wesens (*jianxing*), die er predigt, erinnert an buddhistische Vorbilder. Gleichzeitig betreffen seine Lehren auch die Kultivierung der Persönlichkeit und treffen sich hier mit konfuzianischen Tugenden, wie sie im «Buch von der Kindespietät» (*Xiaojing*), aber auch in späteren Lehrwerken wie den «Regeln für Schüler aus dem 17. Jahrhundert» (*Dizi gui*) gelehrt werden. Wang Zhe stellte einen Katalog von zehn Geboten auf, an deren erster Stelle interessanterweise die Androhung des Ausstoßes aus der Gemeinschaft für alle diejenigen steht, die die Gesetze des Staates nicht einhalten. Darauf folgen konventionellere Themen wie das Verbot zu stehlen, falsche Gerüchte in die Welt zu setzen, Alkohol zu trinken oder sexuelle Verfehlungen zu begehen. Aber auch ein Bann gegen stark riechende Gewürze wie den Knoblauch gehört zu den Geboten. In ihrer meditativen Praxis, die ein ganz zentrales Element der Lehre war, scheint die *Quanzhen*-Bewegung starke Impulse vom Chan-Buddhismus erhalten zu haben: Wie bei den Buddhisten wurden zum Beispiel Verstöße während der monastischen Versenkungsübungen bestraft.

12. Neidan: Innere Alchemie

Der ursprünglich arabische Begriff der Alchemie wurde bisher mehrfach genannt, um die verschiedensten äußerlichen und innerlichen Anwendungen pflanzlicher und anorganischer Produkte, die der Lebensverlängerung oder gar der Erlangung von Unsterblichkeit dienen, auf einen Nenner zu bringen. Auf Chinesisch hat man lange Zeit vom Goldenen Zinnober (*jindan*), gerne auch als «Goldenes Elixier» übersetzt, gesprochen, wenn man die verschiedenen Versuche zusammenfassen wollte, diese Ziele zu erreichen. Im heutigen chinesischen Sprachgebrauch haben sich hingegen die Begriffe «äußere Alchemie» (*waidan*) und «innere Alchemie» (*neidan*) durchgesetzt, von denen der erste die Anwendung von Drogen, also aus äußeren Mitteln gewonnenen Extrakten und Elixieren bezeichnet, während der zweite auf die innere Kultivierung zielt, auf verschiedenste Praktiken physischer und meditativer Natur. Auch diese Erklärung ist eine Vereinfachung, denn unter «äußerer Alchemie» hat man zu bestimmten Zeiten auch einige «innere» Praktiken verstanden.

Obwohl es «innere» Praktiken schon zu sehr früher Zeit gegeben hat, sind doch die «äußeren» in der Anfangszeit prominenter. Schon in vorchristlicher Zeit hört man an vielerlei Stellen von dem Versuch, ein Elixier zu brauen, das zur Unsterblichkeit führt. Über den berühmten Liu Xiang heißt es, sein Vater sei beim Prozess gegen den König Liu An von Huainan in den Besitz einer «geheimen Schrift» aus dem Kopfkissen des Liu An gekommen, in der es um die Kunst der Goldherstellung geht. Liu Xiang habe das Buch bei Hofe eingereicht und behauptet, Goldherstellung müsse möglich sein. Die Kosten, so bemerkt die

Dynastiegeschichte «Buch der Han» lakonisch, waren gewaltig, ein Resultat aber gab es nicht, worauf Liu Xiang ins Gefängnis geworfen wurde und fast hingerichtet worden wäre. Das scheint dem Interesse, das dem Verfahren entgegengebracht wurde, keinen Abbruch getan zu haben. Wir haben oben gesehen, dass Ge Hong sich in seinem *Baopuzi* ausführlich auch mit alchemischen Rezepten befasste.

Seit es den religiösen Daoismus gibt, sind indes die inneren Übungen wichtiger als die äußeren. Dieser Wandel hat sich in der Tang-Zeit vollzogen, und seit der Song-Zeit wurde die Innere Alchemie-Praxis immer öfter in Texten festgehalten. Frühe Texte sind das oben erwähnte *Huangting jing*, aus dem wir die Lehre von den drei verschiedenen Zinnoberfeldern im Körper kennen, sowie das *Zhouyi cantongqi*, eine apokryphe Schrift, die dem «Buch der Wandlungen» zugehört, von der aber nicht ganz klar ist, aus welcher Zeit sie stammt. Zwar wurde sie traditionell in der Han-Zeit verortet, doch gibt es auch Überlegungen, dass das ursprüngliche Werk verloren gegangen und durch eine Tang-zeitliche Kompilation ersetzt worden sein könnte. Besonders das *Cantongqi* ist von Bedeutung, denn in der einen oder anderen Form haben fast alle Neidan-Meister auf es zurückgegriffen. Gleichzeitig nimmt es vorweg, was im Laufe der Zeit der Song immer mehr an Bedeutung gewann: nämlich die Integration des «Buchs der Wandlungen», eines zunächst eher für die konfuzianische Lehre wichtigen Werkes, in den Hauptstrom des Daoismus. Dass es im Falle der Inneren Alchemie gar nicht leicht ist, eine scharfe Trennlinie zwischen Konfuzianismus und Daoismus zu ziehen, belegt die Tatsache, dass Zhu Xi (1127–1200), der wohl wichtigste konfuzianische Philosoph des zweiten Jahrtausends, einen einflussreichen Kommentar zum *Zhouyi cantongqi* verfasst hat.

Die Neidan-Lehren werden im Allgemeinen in drei Linien unterteilt. Die erste berief sich auf zwei Unsterbliche, nämlich auf Zhongli Quan, der im zweiten Jahrhundert gelebt haben soll, sowie auf Lü Dongbin (Späte Tang-Zeit), weshalb diese Linie zumeist als Zhong-Lü-Tradition bezeichnet wird. Einige Jahrhunderte später sollten diese beiden Männer den Kern einer

Gruppe von Acht Unsterblichen des Daoismus bilden, die in China bis heute ausgesprochen populär sind und denen seit der Ming-Zeit (1368–1644) zahlreiche literarische Texte und Kunstwerke gewidmet wurden. Die Zhong-Lü-Schule legte vor allem Wert auf Atemübungen, aber auch auf die oben schon erwähnte Praxis der Umkehrung des Samens zur Nährung des Gehirns (*huan jing bu nao*).

Daneben gab es eine Nordlinie, die mit dem *Quanzhen*-Daoismus gleichzusetzen ist, und eine südliche Linie, die sich auf Zhang Boduan zurückführt, einen hohen Beamten, der 1069 Materialien empfangen haben will, aus denen er die «Texte über das Erwachen zum Wahren» (*Wuzhen pian)* kompilierte. Diese mehrfach in westliche Sprachen übersetzte Sammlung wird in ihrer Bedeutung für die Innere Alchemie lediglich durch das *Zhouyi Cantongqi* übertroffen. Die Unterteilung in eine Nördliche und eine Südliche Linie ist spät: Ursprünglich hielt sich die Mehrzahl der Anhänger des Zhang Boduan in Nordchina auf. Erst mit dem Fall der Hauptstadt Kaifeng im Jahr 1127 und dem Verlust Nordchinas an die Dschurdschen begann sich die Lehre Zhangs im Süden auszubreiten. Vermutlich geht die an das Vorbild von Unterscheidungen im Chan-Buddhismus angelehnte Unterteilung erst auf die Ming-Zeit zurück, als man die von den frühen Mongolen-Herrschern – den Vorgängern der Ming-Kaiser – verehrten *Quanzhen*-Meister schlechtmachen wollte. Man sollte die Unterscheidungen daher doktrinär nicht allzu ernst nehmen, wenn auch klar ist, dass vor allem der Zölibat in der südlichen Linie grundsätzlich abgelehnt wurde. Diese Haltung sollte sich weitgehend durchsetzen.

Eine Zusammenführung der unterschiedlichen Linien und gleichzeitig die beste Überblicksdarstellung daoistischer Weisheiten bis zu dieser Zeit bietet das *Zhonghe ji* des Li Daochun (Ende dreizehntes Jh.), in dessen Werk wir zunächst einen Hinweis darauf finden, dass das «Goldelixier» (*jindan*) der Daoisten dasselbe sei wie die vollständige Erleuchtung (*yuanjue*) der Buddhisten und das «Höchste Erhabene» (*taiji*) der Konfuzianer. Alle drei Lehren versuchten vor allem, die meditative Sammlung zu erlangen. Es folgt eine Reihe von Themen, die jeder Konfuzianer der späten Kaiserzeit genauso hätte formulieren können wie Li Daochun und die alle die Ruhe des Herzens betreffen. Schließlich kommt Li Daochun auf die «Wandlungen» zu sprechen, die das zentrale Element aller Bemühungen eines Weisen sein müssten. In seinem zweiten Kapitel, mit dem der Traktat inhaltlich erst richtig beginnt, setzt sich Li Daochun mit den «3600 verschiedenen Wegen» auseinander, von denen jeder Mensch einen einzelnen ergreift. Er gruppiert in der Folge die daoistischen Techniken in drei Einheiten, wobei er sich zunächst polemisch gegen die unterste Kategorie wendet, die sich wiederum in drei verschiedene Gruppen aufgliedert. In der ersten, die er als «Wege zur größten Wirrsal» bezeichnet, greift Li Daochun vor allem Sexualpraktiken und diverse «Künste des Schlafgemachs» an, etwa das Trinken des weiblichen Monatsblutes, das manche als «höchsten Schatz» bezeichnen, oder den Versuch, Knaben und Mädchen zur Kopulation zu bringen und den ersten Samen einzusammeln. Dies seien heterodoxe Praktiken. Etwas besser kommen bei ihm verschiedene diätetische Praktiken weg, die mit übermäßigem Alkoholgenuss, dem Verzicht auf Getreide und Ähnliches zu tun haben. Auch Massagen und Atemtechniken schätzt Li nicht besonders, wenn er auch zugesteht, dass man auf diese Weise immerhin Krankheiten beseitigen könne.

Die innere Alchemie beginnt für Li erst in der zweiten Gruppe. Er gibt ihr die buddhistisch anmutende Überschrift: «Drei Fahrzeuge der allmählichen Methode» (*jianfa san sheng*). Das unterste Fahrzeug ist dasjenige, das «den Leib zum Schmelztiegel [der äußeren Alchemie] und das Herz zu seinem Ofen macht, das Samen und Atem als Medizin begreift, Herz und Nieren als Wasser und Feuer, die Fünf Organe als Gegenstück zu den Fünf Elementen, Leber und Lunge als Drache und Tiger ...» Drache und Tiger sind ein Paar, das in der Inneren Alchemie eine wichtige Rolle spielt. Sie stehen für zwei der acht Trigramme des Buchs der Wandlungen, nämlich für *kan* und *li*, die beide aus zwei durchgezogenen bzw. gebrochenen äußeren Linien und einer gebrochenen bzw. durchgezogenen Linie in der Mitte bestehen. Gleichzeitig symbolisieren sie das Prinzip des Yin, das im Yang wohnt bzw. umgekehrt das Yang im Yin, das auch im einfachsten *Yijing*-Symbol dargestellt ist. Der Tiger, Symboltier des Westens, der als Yin begriffen wird, ist als Erdtier ein Yang-Tier, während der Drache, Symbol des Ostens, Yin ist, aber in einer Yang-Gegend lebt. Beide stehen in ständigem Wettstreit, den der Alchemist zu harmonisieren sucht. Wichtig an der eben zitierten Stelle ist aber vor allem, dass die Innere Alchemie nicht einfach Atemübungen meint – diese hat Li Daochun zuvor als niedere, äußere Kunst abqualifiziert –, sondern die Übertragung der äußeren Praktiken auf das Innere des Menschen. Diese einfache Übertragung, die für den Adepten leicht zu verstehen ist, bezeichnet Li als «unteres Fahrzeug». Das mittlere Fahrzeug hingegen zeichnet sich dadurch aus, dass der Adept sieht, dass die beiden *Yijing*-Trigramme *qian* und *kun*, das Schöpferische und das Empfangende, als Schmelztiegel erkannt werden; die beiden Trigramme *kan* und *li* als Gegenstück zu Feuer und Wasser; die Krähe und der Hase, die Symbole der Sonne und des Mondes sind, als Medikamente; der Same (*jing*), der Geist (*shen*), die Körper- und die Hauchseelen (*bo* und *hun*) und der Verstand (*yi*) als die Fünf Elemente; der Leib und das Herz als Drache und Tiger; der Atem als «wahrer Keimling» – und so weiter. Durch diese Erkenntnis sei langes Leben zu erreichen. Das höchste Fahrzeug schließlich nehme Himmel und Erde zum Tiegel und zum Ofen, Sonne und Mond für Wasser und Feuer, Yin und Yang als den Mechanismus der Wandlung und verschiedene Ressourcen wie Blei, Quecksilber, Silber, Sand und Erde als Fünf Elemente, das menschliche Wesen und die Gefühle als Drache und Tiger, die Gedanken (*nian*) als «wahren Keimling». Diese Einstellung führe endlich dazu, dass man den Weg der Unsterblichkeit beschreite.

Das «allerhöchste, einzige Fahrzeug» aber ist der wunderbare Weg des höchsten Wahren. Die große Leere werde als Tiegel angesehen, das Höchste Erhabene als Ofen, die klare Ruhe als Zinnober und das Ruhen im Nicht-Tun als Mutter des Zinnobers. Wesen und Schicksal seien Blei und Quecksilber, Meditation und Intellekt Wasser und Feuer, die Stilllegung von Begierden und Ärgernissen sei ebenfalls Wasser und Feuer, die Vereinigung von Wesen und Gefühl sei Metall und Holz gleichzusetzen, und die Reinigung des Herzens und der Gedanken sei wie eine rituelle Waschung. Nach einigen weiteren Zusätzen ergänzt der Text, dass die Klärung des Herzens der Beweis sei und die Schau des Wesens, die von den Buddhisten so hoch geschätzt wird, die Gerinnung zum Festen. Würden die drei ursprünglichen Anfänge gemischt und vereint, dann sei dies der Embryo der Weisheit. Die Zerschlagung der – ebenfalls von den Buddhisten betonten – Leere sei Erkenntnis. Über diesen Weg könne der Daoist schließlich mit dem «Dao» eins werden.

Die Pfade des daoistischen Adepten dienen in diesem Fall dazu, die kruderen Vorstellungen der äußeren Alchemie zu sublimieren und durch mentale Versenkungsübungen zu transzendieren. Oberstes Ziel ist nicht mehr die Unsterblichkeit, sondern die Einheit mit dem «Dao», welche die Ruhe des Herzens bedeutet. Inmitten der komplizierten und vielleicht absichtlich abstrus gehaltenen Terminologie scheinen immer wieder praktische Gedanken auf: Dass es nämlich bei der Konzentration auf die Inhalte des «Dao» letztlich darum geht, die Widersprüche, die in verschiedensten Dualitäten des Lebens zu finden sind, miteinander in Einklang zu bringen: *Xing*, das «menschliche Wesen», dessen wahre Beschaffenheit es zu erkennen gilt, steht leicht im Gegensatz zu *ming*, der «Bestimmung», dem «Geschick», aber auch der unabänderlichen körperlichen Befindlichkeit. *Xing* ist «vor dem Himmel» (*xiantian*), das heißt unabänderlich, eingeboren und metaphysisch, *ming* oder auch *qing* (das «Gefühl», aber auch die spezifische «Sachlage» oder «Gegebenheit») ist «nach dem Himmel» (*houtian*), das heißt phänomenal. Beides ist wichtig, beides muss der Daoist kennen, will er die Entstehung der Welt durchschauen.

«Der Weg brachte die Eins hervor/die Eins brachte die Zwei hervor/die Zwei brachte die Drei hervor/und die Drei brachte die zehntausend Dinge hervor.» So heißt es zu Beginn des 42. Kapitels des *Daodejing*, das in der Inneren Alchemie immer wieder zitiert wird. Li Daochun ergänzt: «Das Leere wandelte sich zum Geist, der Geist wandelte sich zum Atem, der Atem wandelte sich zum Samen und der Samen wandelte sich zur Form.» Diesen Prozess bezeichnet Li als den normalen Ablauf. «Die zehntausend

Dinge taten die Drei beiseite, die Drei kehrte zur Zwei zurück, die Zwei kehrte zur Eins zurück. Geschmolzen zum höchst Samenhaften wandelte sich der Samen in Atem und der Atem in Geist.» Das ist der gegenläufige Weg, der «Zinnober» hervorbringen soll. Dies ist die «innere Medizin», die der «hochsinnige Adept» zu erzielen sucht. Denn obwohl es möglich ist, mit «äußeren Medikamenten» Krankheiten zu heilen, das Leben zu verlängern und das Augenlicht zu erhalten, ist die «innere Medizin» vorzuziehen: Mit ihrer Hilfe steigt man hoch hinaus, verlässt das Sein und geht ins Nicht-Sein ein. Bei der Inneren Medizin ist ohne Tun alles doch getan, bei der Äußeren wird getan und bleibt doch zu tun, die Innere Medizin hat keine Gestalt und doch reales Sein, während die Äußere Medizin Struktur hat und Anwendung, in Wahrheit aber kein Sein. Die Äußere Medizin dient der Erkenntnis des Lebens, die Innere der Erkenntnis des Wesens. Li Daochun beeilt sich zu ergänzen, dass diese Innere Medizin «vor dem Himmel» sei und der höchsten Samenhaftigkeit diene, die wiederum den ursprünglichen Atem wiederherstelle. Dieser sei natürlich nicht mit dem gewöhnlichen Atem zu verwechseln, den der Mensch ständig ein- und ausatme, sondern er gehöre zu einer jenseits des Greifbaren angesiedelten Kategorie. Rückkehr zum Zustand, bevor der «Weg» die Eins geschaffen hatte, die Umkehr des kosmogonischen Prozesses: das also ist das Ziel. Erreicht wird es dadurch, dass Geist, Atem und Samen gewandelt werden. Dabei setzt der Körper die «wahre», das heißt die immaterielle Form von Blei und Quecksilber frei, was in Kombination schließlich zur Einheit führt. Das Organ, das diesen Prozess zu steuern vermag, ist das menschliche Herz, weil es Sitz des «Sinnes» (*yi*) ist, der die Yin- und Yang-Energien lenkt und vereint.

Die Praktiken, mit denen das Ziel der Einheit mit dem Dao erreicht werden soll, haben verschiedene Formen angenommen: In einer vorbereitenden Phase stehen Übungen, die dem heutigen *Qigong* bzw. *Taiji quan* ähneln. Danach beginnt der eigentliche Prozess, bei dem zunächst der Samen beziehungsweise die Essenz durch den Körper bis ins Gehirn und dann wieder nach unten durch die einzelnen Zinnoberfelder gepumpt wird. Wenn diese

Übung, die zum Entstehen Äußerer Medizin im untersten Zinnoberfeld führt, erfolgreich durchgeführt ist, beginnt automatisch und ohne eigenes Zutun die zweite Etappe, bei der Atem und Geist als Wahres Wasser in den Lungen vorgestellt werden, denen Wahres Feuer in den Nieren gegenübersteht. Deren Zusammentreffen erzeugt Innere Medizin, durch die in einem überaus langwierigen Prozess ein Embryo genährt wird, der am Ende den Kopf des Daoisten durch das oberste Zinnoberfeld verlässt. Dann ist das Dao erlangt.

13. Zwischen Förderung und Verfolgung (14.–19. Jahrhundert)

In der Ming-Zeit (1368–1644) steuerte der Daoismus auf einen weiteren Höhepunkt zu. In dieser Zeit breitete sich die Religion in weiten Teilen der Bevölkerung aus. Wie andere Dynastiegründer, so hatte auch Zhu Yuanzhang (1328–1398), der Gründer der Ming-Dynastie, schon vor seiner Thronbesteigung Kontakt zu daoistischen Meistern, die seine Machtübernahme mit glückverheißenden Vorhersagen begleiteten. Das will nicht allzu viel heißen, denn Zhu Yuanzhang wird auch von anderen Religionen als einer der Ihren reklamiert: Wahlweise soll er Buddhist oder gar Muslim gewesen sein. Daher sollte man nicht zu sehr daran glauben, dass er dem Daoismus eine spezielle Förderung zukommen ließ. Vielmehr war er wohl pragmatisch genug, sich auszurechnen, dass gute Beziehungen zu den verschiedenen einflussreichen religiösen Zentren des Reiches auf keinen Fall schaden konnten.

Andererseits sollte man wohl eine Reihe von administrativen Maßnahmen nicht unterschätzen, mit denen Hofdaoisten die Möglichkeit erlangten, den Kaiser kennenzulernen. Verschiedene Büros wurden im Palast und in der Hauptstadt eingerichtet, unter anderem eines für die Tempelmusik, in dem daoistische Priester wirkten. Daoisten hatten registriert zu sein. Dies war ebenfalls eine alte Regel, die im Übrigen interessant für den modernen Umgang des chinesischen Staates mit der Religion ist. Trotz mehrerer Versuche, ihre Zahl zu begrenzen und Quoten für die einzelnen Distrikte und Provinzen festzulegen, gab es zu Beginn der Ming-Dynastie annähernd 100 000 offiziell anerkannte ordinierte Daoisten. Diese Zahl dürfte in der Folgezeit noch deutlich angestiegen sein, was bei einer Bevölkerungszahl von 160 bis 200 Millionen Menschen am Ende der Ming eine Quote von einem daoistischen Meister auf 1000 Einwohner bedeutet. Wahrscheinlich sind es sogar weitaus mehr gewesen. Diese Meister wurden bei allen wichtigen Ritualen des Lebens, bei Geburten, Hochzeiten oder Begräbnissen, zu Rate gezogen. Die Romane der Späten Kaiserzeit bezeugen, dass sie vermutlich viel häufiger als die Konfuzianer zum Einsatz kamen, deren Texte ja ebenfalls auf diese Zeremonien spezialisiert sind.

Es ist angesichts dieser Zustände kein Zufall, dass unter dem dritten und wohl mächtigsten Kaiser der Ming, dem Yongle-Kaiser (1360–1424), der bis heute definitive daoistische Kanon kompiliert wurde, der *Daozang* (dieser Textsammlung ist das nächste Kapitel gewidmet). Gleichzeitig wurde unter dem Yongle-Kaiser der Wudang-Berg zu einem weiteren bedeutenden Kultzentrum des Daoismus ausgebaut. Der Wudangshan trat damit neben die bestehenden wichtigen Kultorte Longhushan, Maoshan, Gezaoshan und Qingchengshan. Schon unter den Südlichen Song (1127–1280) hatte man einen Daoisten vom Berg Wudang als den Dunklen Krieger, die seit frühesten Zeiten mit der Himmelsrichtung Norden verbundene Gottgestalt, identifiziert. Er wurde in der Mongolenzeit so sehr verehrt, dass man ihn zum «Höchsten Kaiser des Dunklen Himmels» (*xuantian shangdi*) erhöhte. Unter den Ming schließlich erkannte man in ihm die 82. Transformation des Laozi. Der Yongle-Kaiser hatte seinen Neffen, den Kaiser Hui (1399–1403), vom Thron verdrängt und ihn mitsamt dem Palast in Nanjing verbrannt. Er hatte ohnehin eine starke Bindung an den Norden: Die Mongolen meinen gar, dass Yongle eigentlich der Sohn des letzten mongolischen Herrschers und einer Konkubine sei, die dann in den Harem des Zhu Yuanzhang kam, der nicht bemerkte, dass das Kind nicht von ihm war. Aufgrund dieser Zusammenhänge behauptete er, der Dunkle Krieger, der mittlerweile «Wahrer Krieger» (*Zhenwu*) hieß, habe ihn bei seiner Machtübernahme unterstützt. Damit wurde der «Wahre Krieger» zum dynastischen Beschützer der Ming. Er konnte allerdings ihren Untergang im Jahr 1644 nicht verhindern, obwohl der letzte Ming-Herrscher noch ein Jahr vor dem Einmarsch der Mandschuren in die Hauptstadt versuchte, sich seiner Unterstützung zu versichern.

Eine Reihe von populären Gottheiten, unter anderem die Seefahrergöttin Mazu, wurden unter den Ming in das daoistische Pantheon aufgenommen. Die wichtigste dieser Gottheiten ist Zhang Sanfeng, ein obskurer Mönch, der zu Beginn der Ming-Zeit das religiöse Leben am Wudang-Berg neu organisiert haben soll. Wir wissen kaum etwas über sein Leben, so wenig, dass Zweifel daran bestehen, ob Zhang Sanfeng überhaupt eine reale Person war. Sein Vorname «Sanfeng» nämlich, «die Drei Gipfel», steht in daoistischen Sexualhandbüchern für die Zunge, die Brustwarzen und die Vagina – ein ausgesprochen merkwürdiger Name also. Doch der Yongle-Kaiser ließ den Zhang Sanfeng zu Beginn seiner Regierungszeit in allen Winkeln des Reiches suchen, was diesem zu großer Popularität verhalf. Schon der am Übergang der Ming zu den Qing lebende konfuzianische Philosophiegeschichtsschreiber Huang Zongxi (1610–1695) bringt den Zhang Sanfeng mit Kampfkünsten in Verbindung, die eigentlich mit Daoismus gar nichts zu tun haben. Sie stehen ursprünglich in der Chan-buddhistischen Tradition des Shaolin-Klosters. Im siebzehnten und achtzehnten Jahrhundert aber wurden Kampfkünste in allerdings sehr beschränktem Maße zu einem Bestandteil daoistischer Praxis. Heute ist der Wudangshan das Zentrum daoistischer Kampfkunst in China schlechthin. Stolz beruft es sich auf seiner Homepage auf die Tradition des Zhang Sanfeng.

Der Daoismus gelangte unter den Ming allerdings nicht nur zur Hochblüte: Die Ming-Kaiser fürchteten auch das aufrührerische Potential der Religionen und bemühten sich, dem Wildwuchs an Schulen Einhalt zu gebieten. Sie erkannten deshalb nur die *Zhengyi*-Himmelsmeister und die *Quanzhen*-Schule als legitim an. Und bei aller Wertschätzung für die rituellen Dienste daoistischer Meister änderte sich natürlich nichts daran, dass die Staatsdoktrin der Konfuzianismus war und nicht der Daoismus. Allerdings übten daoistische Rituale einen starken Einfluss auch auf die Gestaltung des offiziellen Konfuziuskultes aus. Die Strömung, welche die drei Religionen unter dem Schlagwort *san jiao he yi* (in etwa: die drei Religionen haben das gleiche Ziel) vereinen wollte und die sowohl in konfuzianischen als auch buddhistischen Texten der Zeit starken Widerhall fand, machte sich also nicht nur auf intellektuellem, sondern auch auf rituellem Gebiet bemerkbar.

Eine weitere Besonderheit des Ming-zeitlichen Daoismus ist das Aufkommen von Bildergeschichten, in denen das Leben des vergöttlichten Laozi sowie seine Offenbarungen und irdischen Erscheinungen in 81 Bildern mit Textaufschriften illustriert sind. Es gibt frühere ähnliche Geschichten für das Leben des Buddha und wahrscheinlich etwa gleichzeitige für das Leben des Konfuzius, die im fünfzehnten und sechzehnten Jahrhundert entstanden. Ihnen sind Bilder von Patriarchen vorangestellt, die hauptsächlich der *Quanzhen*-Tradition entstammen. Aber anders als bei Konfuzius und Buddha decken die Bilder aus dem Leben des Laozi einen Zeitraum von mehreren Tausend Jahren ab, denn er entstand aus dem Nichts in der Zeit der mythischen Kaiser und ist in deren Zeit verantwortlich für verschiedene kulturelle Errungenschaften der Menschheit, bevor sich seine reale Geburt in der Zeit des Shang-Kaisers Wuding (1324–1265 v. Chr.) ereignete. Nur mit einem einzigen Bild ist die Karriere als Hofbibliothekar und Hofregistrar abgehandelt, ein Amt, das Laozi nach Meinung der Sammlung gleich nach dem Machtübergang auf die Zhou-Dynastie, nach traditioneller Rechnung 1122 v. Chr., antrat. Einen großen Raum von mehr als zwanzig Bildern nimmt dagegen die Darstellung ein, wie Laozi sein Amt abgab, aus dem Reich der Zhou ausreiste und über mehrere Länder Zentralasiens nach Indien kam, um dort die Barbaren zu bekehren, indem er die buddhistischen Lehren erfand und den Grenzwärter Yin Xi, nachdem er ihm das *Daodejing* diktiert hatte, zum Buddha machte. Diese Episode hat sich nach traditioneller

Auffassung zwischen 1000 und 700 v. Chr. abgespielt. In historische Zeit tritt Laozi mit zwei Bildern ein, welche die Verehrung zum Thema haben, die ihm Konfuzius zuteil werden ließ. Über seine Begegnungen mit verschiedenen Herrschern der Han-Dynastie kommt die Sammlung zu Zhang Daoling und später zu Kou Qianzhi, bevor die Bilder 65 bis 80 von verschiedenen Episoden aus der Tang-Zeit berichten. Den Abschluss bildet das 81. Bild, auf dem dargestellt ist, wie im Jahr 1098 der daoistische Priester Zhang Jingyuan den Herrn Lao erblickt. Interessant ist natürlich, dass die Anzahl der Abbildungen derjenigen der Strophen des *Daodejing* entspricht.

Auch unter der letzten Dynastie, den von den tungusischen Mandschuren etablierten Qing, sollte der Konfuzianismus die Staatsdoktrin bleiben. Daneben aber bevorzugten die Mandschuren den tantrischen Buddhismus, mit dem sie Tibet, die Mongolei und vor allem die nördlichen Teile ihres chinesisch-mandschurischen Staatsvolkes lenkten. Obwohl aus Romanen des achtzehnten und neunzehnten Jahrhunderts hervorgeht, dass auf privater Ebene Daoisten nach wie vor eine entscheidende Rolle als Meister des Rituals spielten, ist doch klar, dass ihr Einfluss auf staatlicher Ebene beträchtlich abnahm. Amtliche Positionen, die früher von Daoisten ausgefüllt worden waren, wurden nun zunehmend von weltlichen Persönlichkeiten übernommen. Da religiöse Bedürfnisse jedoch weiter vorhanden waren, breitete sich das Laiendaoistentum stark aus. Dessen Existenz macht es bis heute schwierig, einzuschätzen, wieviele Anhänger der Daoismus in China eigentlich hat, denn in Zeiten, in denen die Religion geringe Wertschätzung genießt, haben viele Laien die Tendenz, sich schnell von ihr zu lösen.

Die Qing-Herrscher folgten zwar anfänglich der Praxis früherer Dynastien, die *Zhengyi*-Himmelsmeister mit den entscheidenden staatlichen Vollmachten für den Bereich der daoistischen Religion auszustatten, favorisierten aber daneben die *Quanzhen*-Schule, deren strenge Disziplin besser zu der Ordnung zu passen schien, die sich die Mandschuren für das Reich erhofften. Unter den verschiedenen Untergruppen des *Quanzhen* kristallisierte sich die eklektische *Longmen*-Tradition, benannt nach dem Ort in Shaanxi, an dem Qiu Chuji für mehr als sieben Jahre den Daoismus praktiziert hatte, als zentrale Schule heraus. Dafür war vermutlich die Tatsache entscheidend, dass sich Wang Changyue (gest. 1680), der erste Abt des Klosters *Baiyun guan* in der Hauptstadt Peking, die schnell zu einer weitgehend mandschurischen Stadt wurde, auf diese Linie zurückführte. Die heutige Vorherrschaft des Baiyun-Klosters im chinesischen Daoismus geht auf diese Zeit zurück. Mehrere weitere Patriarchen der *Longmen*-Tradition haben es zu Berühmtheit gebracht und der Nachwelt umfangreiche Textsammlungen hinterlassen. Zu diesen zählen Min Yide (1758–1836) und Liu Yiming (1734–1821). Dabei ist besonders eine Sammlung mit dem Titel «Zwölf daoistische Werke» (*Daoshu shi'er zhong*) von Liu Yiming hervorzuheben, in denen Kommentare zum «Buch der Wandlungen» sowie zu Klassikern der Alchemie stehen. Doch auch eine alchemistische Auslegung des berühmten Romans «Die Reise in den Westen», der wahrscheinlich im 16. Jahrhundert verfasst wurde und eigentlich die Reise des Tang-zeitlichen Pilgers und Übersetzers buddhistischer Schriften Xuanzang zum Thema hat, findet sich hier neben verschiedenen Schriften zur wahren alchemistischen und spirituellen Kultivierung. Die Qing-Zeit sticht außerdem dadurch hervor, dass sie eine Reihe von Büchern hervorgebracht hat, in denen die Besonderheiten daoistischer Berge minutiös verzeichnet worden sind.

In der späten Kaiserzeit machten sich zahlreiche religiöse Bewegungen bemerkbar. Diese waren zwar nicht eigentlich daoistisch, sondern viel eher buddhistisch. Doch war der Daoismus eine ihrer Inspirationsquellen, und bestimmte Praktiken wie die Rezitation von Zaubersprüchen oder das Tragen von Amuletten passen besser zum Daoismus als zum Buddhismus. Eine neue literarische Gattung, die sogenannten «wertvollen Schriftrollen» (*baojuan*), begann sich in diesem Zusammenhang auszubreiten. Anders als intellektuellere Ausformungen des Daoismus fanden diese Schriften und ihre Verbreiter ihre Anhänger weniger in den Kreisen der Elite als im Volk. Sie dienten offenbar teilweise liturgischen Zwecken, enthielten aber auch Wundergeschichten daoistischer oder buddhistischer Gestalten.

Wie bei den frühen Himmelsmeistern, so kam es auch in den Sekten der späten Kaiserzeit, für die man gerne den unscharfen Oberbegriff «Weißer Lotos» verwendet, bald zu millenaristischen Heilsströmungen, eine Tendenz, die gleichzeitig den Keim zu Aufrührertum in sich trug. Zhu Yuanzhang, der Gründer der Ming-Dynastie, hatte sich einer Weißen-Lotos-Sekte angeschlossen und von ihr aus seinen Aufschwung genommen. Die Erinnerung daran mag dazu beigetragen haben, dass der Daoismus unter den Qing mit wachsendem Argwohn betrachtet wurde. Alfred Döblin hat diesen Bewegungen in seinem Roman «Die Drei Sprünge des Wang Lun» auch in der westlichen Literatur ein Denkmal gesetzt. Wang Lun (gest. 1774) war der Anführer einer Weißen-Lotos-Sekte aus Shandong. Er verbreitete eine millenaristische Heilslehre und glaubte an die baldige Ankunft des Buddha Maitreya. Darüber hinaus praktizierte er Kampfkünste und betätigte sich als Heiler. Gleichzeitig lehrte er Yoga und Meditation. Nachdem er eine große Anhängerschar um sich versammelt hatte, ließ er diese wissen, dass er selbst Maitreya sei und Kaiser von China werden solle. Er impfte seinen Gefolgsleuten den Glauben ein, sie könnten sich durch Magie unverwundbar machen und schaffte es auf diese Weise schnell, beachtliche militärische Erfolge zu erzielen, bevor er schließlich von einem großen Kontingent der Qing-Armee eingekreist und vernichtet wurde. Sein Beispiel, das in vielerlei Art den Boxeraufstand aus dem Jahr 1900 vorwegnahm, zeigt anschaulich, wie sich in den Weißen-Lotos-Ideologien buddhistische und volksreligiöse Elemente mit daoistischen Anklängen mischten. Doch zeigt es auch, dass die gängige Auffassung, chinesische Aufstandsbewegungen seien häufig daoistisch inspiriert gewesen, eher auf die frühe Kaiserzeit zutrifft als auf Gruppierungen von der Art des Weißen Lotos, in denen daoistische Elemente eher unterrepräsentiert waren.

14. Der daoistische Kanon

Von einer Schule von Daoisten, vielleicht auch von Experten für das Dao *(daojia),* sprach zum ersten Mal der Historiograph Sima Qian. Die Bezeichnung taucht wieder in dem berühmten Bücherkatalog des «Buchs der Han» auf, in dem Liu Xin im Jahr 6 v. Chr. die Bestände der Palastbibliothek der Han-Kaiser in der Hauptstadt Chang'an in der Gegend des heutigen Xi'an beschrieb. Diesen Katalog übernahm der Geschichtsschreiber Ban Gu. Er beginnt mit den kanonischen Schriften *(jing)* des Altertums, die von der konfuzianischen Tradition gehegt wurden, und fährt dann fort mit einer Kategorie von sogenannten «Meistern» *(zi),* derer es insgesamt 10 gibt. Die erste dieser Meistergruppen trägt den Titel *rujia*, der landläufig mit «Konfuzianer» übersetzt wird, die zweite aber bereits den Titel *daojia*, «Daoisten». Dieser Gruppe werden insgesamt 37 *jia* zugerechnet, die uns zu großen Teilen unbekannt sind. Interessanterweise beginnt die Kategorie nicht etwa mit dem *Daodejing*, sondern mit zwei Werken von Beratern der Gründer der Shang- bzw. der Zhou-Dynastie. Erst an sechster bis neunter Stelle folgen vier verschiedene Versionen einer kanonischen Schrift des Laozi, die allerdings nicht selbständig aufgeführt ist, sondern im Zusammenhang mit Kommentaren unterschiedlicher Personen, die namentlich genannt werden. Eine dieser Kommentartraditionen unterteilt die kanonische Schrift in 37 Abschnitte, was genau der Anzahl von Abschnitten entspricht, die das erste der beiden Kapitel, das *Daojing* im Gegensatz zum *Dejing*, enthält, in die das *Daodejing* heute unterteilt ist. Der Katalog enthält außerdem die Titel des *Zhuangzi* und des *Liezi*. Religiöse Einflüsse auf diese Gruppe lassen sich anhand der überlieferten Buchtitel noch nicht ausmachen: Auch wenn die heutige Daoismusforschung bemüht ist, nachzuweisen, dass eine Unterteilung in philosophischen und religösen Daoismus nicht sinnvoll ist, stehen für Ban

Gu die Daoisten in einer Reihe mit anderen Regierungslehren wie denen der Konfuzianer, der Yin-yang Schule, der Legalisten oder der Mohisten. Einen religiösen Daoismus gab es damals zumindest in der offiziellen Klassifizierung noch nicht.

Wang Chong (27 – ca. 100), der die Palastbibliothek kannte, welche die Späteren Han in ihrer neuen Hauptstadt Luoyang aufgebaut hatten, sagt über die Hofbibliothekare, deren Ahnherr Laozi war, dass ihr Amt zwar niedrig war, ihnen aber eine besondere Stellung zukam, weil sie «den Hort der Staatslehre verwalteten» *(dian guodao zang)*. Falls dieser Satz tatsächlich auf Wang Chong zurückgeht, ist dies die erste Stelle, an welcher der Terminus *Dao zang* («Hort des Dao») verwendet wird, der die Textsammlungen der Daoisten bezeichnet. Man hat lange Zeit angenommen, dass er eine Nachbildung des «Hortes des Dharma» *(Fazang)* ist, des Tripitaka, in dem die buddhistischen Texte versammelt sind. «Pitaka» nämlich heißt «Hort» bzw. «Behältnis» und wird in der buddhistischen Tradition für Literatursammlungen verwendet. Doch Wang Chong lebte, bevor man vom buddhistischen Tripitaka sprach.

Wir haben oben gesehen, dass Ge Hong zu Beginn des vierten Jahrhunderts eine mehr als 300 Titel umfassende Liste von daoistischen Buchtiteln zusammengestellt hat, unter denen sich viele alchemistische Texte finden, beziehungsweise Texte, die Talismane enthalten. Schon bei den frühen Himmelsmeistern scheint es Bestrebungen gegeben zu haben, den Wildwuchs von daoistischen Texten zu beseitigen, die man als verderblich ansah, und sich stattdessen maßgeblich auf das *Daodejing* und das *Taipingjing* zu stützen. Doch war dieses Unterfangen offenbar vergeblich, und bald wurde es nötig, unter der Vielzahl der Schriften Ordnung zu schaffen. In diesem Zusammenhang taucht zum ersten Mal der Begriff der «Drei Höhlen» (*san dong*) auf, in die auch der erste Teil des heutigen *Daozang* unterteilt ist. Den «Höhlen» kommt im Daoismus insbesondere eine kosmologische Bedeutung zu: Aus ihnen entstand die Welt, und durch sie findet der Daoist Zugang zum Himmel.

Der erste Lehrer, der die daoistischen Schriften in drei «Höhlen» anordnete, war Lu Xiujing (420–479), der oben schon erwähnte daoistische Meister am Hofe der Liu-Song-Dynastie. Er verfasste einen «Katalog daoistischer Schriften» *(San dong jing mulu)*, vermutlich um unter den unterschiedlichen daoistischen Strömungen des Reiches ein Gefühl der Einheit zu schaffen, wie es auch die Anhänger des Buddhismus auszeichnete. Dieser breitete sich um das Jahr 437, auf das Lu Xiujing sein Vorwort zu dem Katalog datiert, machtvoll in China aus. Unter den «Höhlen» gehörte die erste Sektion den Schriften der *Shangqing*-Tradition, die zweite denjenigen der *Lingbao*-Tradition und die dritte schließlich denjenigen einer Textgruppe, unter denen der «Text der Drei Erhabenen» *(Sanhuang wen)* das Zentrum bildete. Diese drei Gruppen erhielten die Namen «Höhle, die zur Wahrheit führt» *(Dong zhen)*, «Höhle, die zum Dunklen führt» *(Dong xuan)* und schließlich «Höhle, die zum Göttlichen führt» *(Dong sheng)*. In der ersten Gruppe standen vor allem Texte, die sich mit verschiedensten Lebensverlängerungstechniken befassten, in der zweiten Ritualtexte und in der dritten solche, mit deren Hilfe man Götter anrief und sich zum Gehorsam verpflichtete. Interessanterweise stehen im Ming-zeitlichen *Daozang* die großen Ursprungstexte *Daodejing* (unter dem Namen «Wahre Schriften von Weg und Tugend», *Daode zhen jing*), *Liezi* (unter dem Namen «Wahres Buch von der höchsten Tugend im Quellenden Urgrund», *Chongxu zhende jing*) und *Zhuangzi* (unter dem Namen «Wahres Buch vom Südlichen Blütenland», *Nanhua zhen jing*) in der dritten Gruppe, und zwar nicht unter den «ursprünglichen Texten» (*ben wen*), sondern erst an zweiter Stelle bei den sogenannten «göttlichen Talismanen» (*shen fu*). Dies weist darauf hin, dass diese Werke nicht so sehr als Bücher mit konkreter religiöser Lehre angesehen wurden, sondern eher als Texte, deren Rezitation und Studium den daoistischen Adepten in Einklang mit dem daoistischen Pantheon brachte.

Die drei ursprünglichen Sektionen daoistischer Schriften waren nach ganz anderen Kriterien zusammengestellt als diejenigen der Buddhisten. Es ging um Traditionen, nicht direkt um eine inhaltliche Differenzierung: Die drei «Pitaka» der Buddhisten sind heute bekanntlich in Sutren (*jing*), Vinaya oder Mönchsregeln (*lü*) und Abhidharma (buddhistische Theorie; *lun*) unterteilt. Diese Kategorien gibt es bei den daoistischen Werken heute zwar auch, doch finden sie sich innerhalb jeder der Höhlen. Daher haben die drei Höhlen des Daoismus mit dem Tripitaka nichts zu tun, sondern entsprechen eher den drei verschiedenen Fahrzeugen des Buddhismus, demjenigen des gewöhnlichen Adepten, dem des Pratyeka-Buddhas, der sich um seine eigene Vervollkommnung bemüht, und dem des Bodhisattva, der sich um das Heil der Welt sorgt. Ob diese aufsteigende Reihenfolge allerdings genau zu der Anordnung der Drei Höhlen bei Lu Xiujing passt, die wohl von *Shangqing*-Meistern zum ersten Mal verwendet wurde, ist noch umstritten.

Gegen Ende der Zeit der Sechs Dynastien, im sechsten Jahrhundert, gründete Kaiser Wu (reg. 561–578) der Nördlichen Zhou-Dynastie eine Akademie mit dem Namen *Tongdao guan*, an der alle drei Lehren, Buddhismus, Daoismus und Konfuzianismus, gleichberechtigt unterrichtet und studiert werden sollten. In diesem Zusammenhang wurde erstmals eine große daoistische Enzyklopädie, das oben besprochene *Wushang biyao*, herausgegeben, dessen Inhalte weitgehend dem Konzept der Drei Höhlen entsprechen, wenn auch als weiterer Initiationstext das *Daodejing* hinzutrat. Wang Yan (gest. 604) verfasste an dieser Akademie einen neuen Katalog daoistischer Schriften, der den Titel *Sandong zhunang* trug und in sieben Rollen unterteilt war, dessen Inhalte wir aber nicht kennen; er ist nicht identisch mit der gleichnamigen Enzyklopädie, deren Inhalte oben erörtert wurden. Spätestens im siebten Jahrhundert waren den ursprünglichen Drei Höhlen vier weitere Teile zugewachsen: zunächst die drei Sektionen des Höchsten Dunkels (*Taixuan*), des Höchsten Friedens (*Taiping*) und der Höchsten Klarheit (*Taiqing*), wobei *Taixuan* als eine Art Ergänzung des *Dongzhen/Shangqing*-Teiles verstanden wurde, *Taiping* als eine Ergänzung des *Dongxuan/Lingbao*-Teiles und *Taiqing* als eine solche des *Dongshen/Sanhuang wen*-Teiles. Hinzu trat eine Sektion über Himmelsmeistertraditionen unter dem Titel *Zhengyi*, die offenbar am Schluss steht, weil die *Zhengyi*-Himmelsmeister unter den Tang die Führung unter den daoistischen Gruppierungen übernommen hatten und ihnen, die in der Dreiteilung des Lu Xiujing zu kurz gekommen waren, so eine Sonderstellung eingeräumt wurde. In der *Taixuan*-Sektion fand sich das *Daodejing* mit seinen Kommentaren, dazu daoistische Philosophen, in der *Taiping*-Sektion das *Taiping jing* und in der *Taiqing*-Sektion die Schriften der Alchemie und von Körperübungen. Diese Siebenheit hat die spätere Gestalt des *Daozang* bestimmt, wenn auch die Zuordnungen der Schriften nicht dieselben geblieben sind.

Die ersten 30 Jahre der Herrschaftszeit des Tang-Kaisers Xuanzong gelten allgemein als Blütezeit. Von 713 bis 741 galt unter ihm die Regierungsdevise mit dem Namen Kaiyuan («Einen Anfang machen»), eine Zeit, während der er auch den Anstoß dazu gab, sowohl für die daoistischen als auch für die buddhistischen im Reich befindlichen Bücher einen Katalog zu erarbeiten und die zugehörigen Bücher zusammenzustellen. Beide Kataloge wurden zur Grundlage vieler späterer Kataloge bis zur Mongolenzeit. Der daoistische Kanon der Kaiyuan-Zeit trug den Titel «Jadenetz der Drei Höhlen» (*Sandong qionggang*) und enthielt 3477 Textrollen, wobei dies nicht die Anzahl der Titel, sondern der Kapitel darstellt. Die Texte wurden in staatlichem Auftrag kopiert und den großen daoistischen Zentren des Reiches zur Verfügung gestellt. Die militärischen Umwälzungen des neunten und zehnten Jahrhunderts sorgten indes dafür, dass die meisten daoistischen Klöster des Landes und mit ihnen ihre Bibliotheken zerstört wurden. Versuche, den ursprünglichen Zustand wiederherzustellen, scheiterten. In diesem Zusammenhang ist es interessant, zu sehen, dass Du Guangting als erster Daoist dafür sorgte, dass für diejenigen Texte, die er wiederhergestellt hatte, Holzblockdrucke angefertigt wurden, mit denen sich eine viel höhere Verbreitung erreichen ließ. Unter dem daoistischen Kaiser Huizong der Song wurde zum ersten Mal ein ganzer *Daozang* in kaiserlichem Auftrag gedruckt. Die Druckstöcke gingen nach dem Fall Nordchinas an die neuen dortigen Machthaber über, die Dschurdschen, die eine Neuauflage herausbrachten, ebenso wie Mitte des dreizehnten Jahrhunderts die Mongolen, unter denen die junge *Quanzhen*-Schule mit dieser Aufgabe betraut wurde. Die oben erwähnten Querelen zwischen Buddhisten und Daoisten führten jedoch dazu, dass Kublai Khan 1281 einen Bann gegen alle daoistischen Schriften verhängte, was zur teilweisen Zerstörung des Kanons und zum Verlust zahlreicher Texte führte. Jedoch schuf die Vernichtung alter Werke Raum für den Einschluss neuer Traditionen, die seit dem Umbruch im neunten Jahrhundert in großem Maße entstanden waren.

Zhang Yuchu, der am Longhu-Berg in Jiangxi ansässige 43. Patriarch der Himmelsmeister, erhielt im Jahr 1406 von Zhu Di, dem nach seiner Regierungsdevise als Yongle-Kaiser bekannten dritten Herrscher der Ming-Dynastie, den Auftrag, eine neue Sammlung aller daoistischen Schriften zu erstellen und diese bei Hofe einzureichen. Die *Quanzhen*-Tradition hatte also offenbar erheblich an Bedeutung verloren. Es sollte allerdings mehr als vierzig Jahre dauern, bis das Projekt im Jahr 1447 mit dem Druck eines neuen Kanons unter dem Titel *Da Ming daozang jing* abgeschlossen werden konnte. Zhang Yuchu war bereits 1410 gestorben. Ihm wurde dadurch Ehre erwiesen, dass seine gesammelten Schriften in den Kanon aufgenommen wurden. Die meisten Texte, die in den Kanon der Ming Eingang fanden, datieren aus der Zeit nach dem Fall der Song-Hauptstadt Kaifeng im Jahre 1127. Die Prinzipien der Zusammenstellung unterschieden sich stark von denen, die früher angewandt worden waren. Zhang Yuchu war der Auffassung, dass die Drei Höhlen auf die Drei Himmelserhabenen Herrscher zurückgingen, den Himmelserhabenen des ersten Anfangs (*Yuanshi tianzun*), den Himmelserhabenen des Lingbao (*Lingbao tianzu*) und den Himmelserhabenen von Weg und Tugend (*Daode tianzun*). Obwohl das *Lingbao duren jing* den Begriff «Lingbao» im Titel trägt, gehörte es seiner Ansicht nach an den Anfang der *Dongzhen*-, nicht der eigentlich dem *Lingbao* zugeordneten *Dongxuan*-Höhle, weil das *Duren jing* vom Himmelserhabenen des Ersten Anfangs gesprochen worden war. Auf diese Auffassung ging auch die Umgruppierung des *Daodejing* in die dritte Höhle zurück.

Die Ansichten Zhang Yuchus muten teilweise recht eigenwillig an, und es ist deswegen ohne Hilfsmittel nicht leicht, sich im *Daozang* zurechtzufinden. Zusätzlich wird die Orientierung dadurch erschwert, dass Zhang die sieben Sektionen – ebenfalls einem Tang-zeitlichen Vorbild folgend und es gleichzeitig abwandelnd – in jeweils 12 Unterkategorien aufteilte, Texte, Talismane, Diagramme, Gebete, Ritualtexte und dergleichen mehr. Möglicherweise ist auch die überraschende Tatsache, dass sich unter den insgesamt 1473 Titeln des daoistischen Kanons die Werke konfuzianischer Meister finden, als Kompromiss mit der Außenwelt zu verstehen. Hierzu gehören Texte des Shao Yong (1011–1077), die allerdings Affinität zu daoistischen Gedanken aufweisen, oder aber der *Mozi*-Text. Nur Eingeweihte wissen, dass Mo Di nach daoistischer Auffassung die Unsterblichkeit durch ein Goldelixier fand.

Zhang Guoxiang, der fünfzigste Patriarch der Himmelsmeister, ergänzte den Kanon 1607 im Auftrag des Wanli-Kaisers um 56 Titel. Obwohl die letzten Ming-Kaiser dem Daoismus sehr zugeneigt waren, machten sich synkretistische Tendenzen in der Auswahl der Texte bemerkbar. Der erste ausgewählte Zusatztext beispielsweise ist eine daoistische Version des buddhistischen Lotossutra. Des Weiteren finden sich hier viele Werke von konfuzianischen Gelehrten, die am Ende der Ming-Zeit lebten. Trotz dieser offensichtlichen Kompromisse sollte die Ergänzung die letzte ihrer Art bleiben: Die mandschurischen Herrscher der Qing-Dynastie hatten keinen Bezug zum Daoismus und förderten ihn nicht. Für die Reformer am Ende des Kaiserreichs und zu Beginn der chinesischen Republikzeit nach 1911 war der Daoismus ein Repräsentant der fortschrittsfeindlichen Volksreligion, die Chinas Aufstieg in der modernen Welt behinderte. Unter ihrem Einfluss sorgte der Guangxu-Kaiser 1898 unter der Devise «schaffen wir die Tempel ab und gründen stattdessen Schulen» dafür, dass das Eigentum daoistischer Klöster eingezogen wurde. Diese Maßnahme war eine der Ursachen für den Boxeraufstand im Jahr 1900, der damit endete, dass europäische Truppen mit ihren Kanonen den Tempel zerstörten, in dem die Druckstöcke des daoistischen Kanons aufbewahrt wurden. Doch 1926 wurde der *Daozang* in einer moderneren Druckfassung erneut herausgegeben. Sie ist auch die Grundlage für die heutige Daoismusforschung.

15. Der Daoismus heute

Die sogenannte Proletarische Kulturrevolution, die zwischen 1966 und 1976 entfesselt wurde, hat wie alle Bereiche der Religion auch den Daoismus stark beeinträchtigt: Zahlreiche alte Kultstätten, wie zum Beispiel der Maoshan bei Nanjing, nahmen erheblichen Schaden. Andere Orte wie der Wudang- oder der Qingcheng-Berg kamen verhältnismäßig glimpflich davon. Im Falle des Qingcheng hatte leider das Erdbeben in Sichuan 2008 ähnliche Wirkung wie die Roten Garden. Dieser Sachverhalt zeigt allerdings auch, dass materielle Schäden eher der Normalfall sind und man im Allgemeinen gut daran tut, die chinesische Kultur mehr nach ihren Inhalten zu bemessen als nach ihrem materiellen Erscheinungsbild und nach Kulturschätzen, die selten wirklich so alt sind, wie sie aussehen. Die Unterbrechung von daoistischen Traditionen und die Kappung von Lehrer-Schüler-Verbindungen während der Kulturrevolution hatten viel größere Auswirkungen als die Zerstörung von Tempeln. Seit den achtziger Jahren findet in China jedoch auch auf dem Gebiet des Daoismus eine Rückkehr zu alten Formen statt. Dabei spielen Kontakte zu Mönchen auf Taiwan, in Hongkong oder in Südostasien eine Rolle. Es ist kein Zufall, dass die Taiwan benachbarte Provinz Fujian der Ort mit den meisten Kultstätten ist, an denen daoistische Rituale praktiziert werden.

Das Ritual ist zusammen mit der Inneren Alchemie das Element des Daoismus, das sich bis in die heutige Zeit am besten erhalten hat. Daoistische Rituale bestehen aus Gesängen, Rezitationen, Tänzen und Musik. Die Aufführungen geschehen in unterschiedlichen Kostümen und werden von zeremoniellem Abbrennen von Weihrauch und dem Entzünden von Öllampen begleitet. Rituale können sich an Götter richten, sie können aber auch der Einweihung oder Reinigung von Gebäuden dienen. Sie können von einzelnen Meistern ebenso gestaltet werden wie von ganzen Tanzgruppen. Daoistische Lehrer der Himmelsmeistertradition treten in Südchina auch als Exorzisten auf. Dabei sind dem Himmelsmeisterdaoismus viele Elemente zugewachsen, die volksreligiösen Ursprungs sind, ganz im Gegensatz zu alten Zeiten, in denen der Daoismus eher eine elitäre Angelegenheit war.

Der Daoismus der Gebildeten ist heute in der *Quanzhen*-Tradition vertreten, die vor allem in Nordchina beheimatet und stärker auf die Innere Alchemie spezialisiert ist als der Daoismus der Himmelsmeister. Allerdings wird in der modernen Forschung nicht selten Innere Alchemie mit einfachen *Qigong*-Techniken verwechselt, obwohl diese nicht direkt auf den Daoismus zurückzuführen sind. *Qigong* ist erst in den fünfziger Jahren des zwanzigsten Jahrhunderts institutionalisiert worden. Der Begriff bedeutet einfach «*Qi*-Praxis» oder «*Qi*-Anstrengung», wobei «qi» gleichzeitig für den «Atem» und für die Energieströme im Körper stehen kann. *Qi*-Übungen können im Sitzen ausgeführt werden. In dieser Form schließen sie an Meditationspraktiken an, die sowohl Daoisten als auch Buddhisten und Konfuzianer kannten. Auf der anderen Seite gibt es gymnastische Traditionen, die sich auf die chinesische Medizin allgemein, aber auch auf buddhistische und später daoistische Bewegungen zurückführen lassen. Wie viele andere Themen auch, werden sie zwar heute mit dem Daoismus verbunden, waren ihm traditionell aber nur sehr lose zuzuordnen. Eine spezielle Form ist das auch in Europa sehr beliebte *Taiji quan*, das «Boxen zum Höchsten Äußersten», das wie *Qigong* zumindest nach Auskunft der schriftlichen Zeugnisse eine noch junge Tradition zu sein scheint, die sich erst im neunzehnten Jahrhundert allmählich auszubreiten begann.

Der chinesische Staat hat den Daoismus in den Rang einer der fünf offiziell anerkannten chinesischen Religionen erhoben. Eine daoistische Vereinigung mit Sitz im Baiyun-Belvedere in Peking lenkt seine Geschicke. Viele Klöster florieren mittlerweile, zum Teil auch weil ihnen, wie im Falle des Wudang-Zentrums, kommerzielle Aktivitäten erlaubt sind. Ein Beispiel ist die Vermarktung der Kampfsporttradition. Diese wird überaus erfolgreich betrieben, was dazu geführt hat, dass der Kultort beträchtliche Einkünfte erzielen konnte. Während in den achtziger Jahren des zwanzigsten Jahrhunderts ausländische Studenten, die nach China gehen wollten, es tunlichst vermeiden mussten, bei ihren Forschungsprojekten den Namen «Daoismus» auch nur zu erwähnen, finden heute große internationale Konferenzen mit offizieller Billigung statt, die so weit geht, dass die Eröffnungszeremonie in der Großen Halle des Volkes in Peking abgehalten werden kann. Ehrgeizige Editionsprojekte, mit denen offenbar das Ziel verbunden ist, den daoistischen Kanon der Ming-Zeit als einschlägige Quelle für die Erforschung des Daoismus abzulösen, beschäftigen ganze Kohorten von staatlich bestallten Forschern. Hochrangige Funktionäre umgeben sich offen mit daoistischen Meistern, und die großen Werke des philosophischen Daoismus zählen zum Curriculum eines nationalen Bildungskanons, der Studenten, aber auch Unternehmern an Universitäten vermittelt wird. Wie es bei den Konfuzianern «Neukonfuzianer» gibt, die versuchen, die alten konfuzianischen Lehren mit den Erfordernissen der Gesellschaft des einundzwanzigsten Jahrhunderts in Einklang zu bringen, so hat sich auch eine Gruppe von «Neodaoisten» (*xin daojia*) zusammengetan, die den Daoismus aktualisieren möchte, damit er in Zukunft Bestand haben kann.

Doch bei alledem ist nach wie vor ein gewisses staatliches Misstrauen festzustellen. Neben dem Verdacht, dass hier eben doch unwissenschaftlicher Aberglaube gefördert wird, ist es vor allem auf die Tatsache zurückzuführen, dass der Daoismus traditionell in dem Ruch gestanden hat, eine Keimstätte des antistaatlichen Ungehorsams zu sein. So beklagen sich daoistische Angehörige der offiziellen Daoistenvereinigung darüber, dass ihre Organisation von areligiösen Elementen unterwandert sei, die rein profitorientiert agierten. Eine ideelle und finanzielle Förderung in ähnlicher Größenordnung, wie sie im Augenblick der Konfuzianismus erfährt, liegt für den Daoismus in weiter Ferne. Diese Einschränkungen tun jedoch der Tatsache keinen Abbruch, dass der Daoismus lebt und blüht und dass es in ganz China Meister gibt, welche die daoistischen Traditionen pflegen und neue Bücher über ihre eigenen Lehren herausgeben. Vielleicht hat es in China zu keiner Zeit mehr Publikationen von

Daoisten und über den Daoismus gegeben, als dies in der Gegenwart der Fall ist.

«Was ist Daoismus»? Diese Frage, die am Anfang dieses Buches gestellt wurde, ist bisher nicht beantwortet. Daoismus ist nach wie vor eine philosophische Lehre, die dem Weichen den Vorzug vor dem Harten, dem Schwachen vor dem Starken und dem Nichthandeln vor dem Handeln gibt. In ihrem Zentrum stehen Laozi und sein *Daodejing*, die auch in der religiösen Praxis ihren Platz haben. Laozi ist nicht nur Denker, sondern vor allem auch ein Gott, dem seit seiner Vergöttlichung im ersten und zweiten Jahrhundert Verehrung von ordinierten Daoisten wie auch von Laien entgegengebracht wird. Dem Daoismus ist einst auch die Rolle einer Offenbarungsreligion zugekommen. Viele der in diesem Buch beschriebenen Entwicklungen, die *Shangqing* und die *Lingbao*-Traditionen zum Beispiel, haben die Zeiten nicht überdauert und sind wieder abgestorben. Geblieben sind bestimmte Gebote, die allerdings je nach Schulrichtung sehr unterschiedlich ausfallen. Sie können allgemein religiöser Natur sein wie die Forderung, nicht zu töten, sie können aber auch einfache Nahrungstabus betreffen. Zum Teil erinnern sie genau wie der daoistische Tempelkult an ihre buddhistischen Vorbilder, zum Teil sind sie eigenständig. Heilsreligiöse Aspekte werden bei der Betrachtung des Daoismus gerne übersehen, doch zeigt die Tatsache, dass auch heute noch in daoistischen Ritualen die Schrift von der allgemeinen Erlösung (*Duren jing*) rezitiert wird, dass Heilserwartungen zum Horizont vieler chinesischer Daoisten gehören.

Das alte daoistische Streben nach Unsterblichkeit ist im Lauf der Jahrtausende immer stärker auf den Wunsch nach Verlängerung des Lebens reduziert worden. Daoistische äußere Alchemie hat sich durch die Erkenntnisse der modernen Naturwissenschaft teilweise überlebt. An ihre Stelle sind Gesundheitsübungen getreten, die ursprünglich nur schwach mit den daoistischen Lehren verbunden waren. Auch in dieser Praxis leben Gedanken des Laozi fort: Anders als das europäische Boxen, bei dem der Angriff im Vordergrund steht, lehren das *Taijiquan* und mit ihm die chinesische Kampfkunst, dass das Weiche das Harte besiegt.

Daoistische Meditation, die auf die Innere Alchemie zurückgeht, ist im Westen kaum bekannt. In China besteht sie weiter. Stärker als die buddhistische Meditation ist sie nach wie vor mit dem Ziel verbunden, nicht nur Transzendenz, sondern auch körperliche Stärkung zu erlangen. Am Rande mag es interessieren, dass der Kassenschlager «Tiger and Dragon», eigentlich «Liegender Tiger und verborgener Drache», des taiwanesischen Regisseurs Lee Ang ein altes Gegensatzpaar aus der Inneren Alchemie aufgegriffen hat. Die Komplementarität von Yin und Yang, von männlichen und weiblichen Elementen, und ihre Harmonisierung sind ein zentrales Merkmal des Daoismus. Sie dürfte dazu beitragen, dass dem Daoismus in einer chinesischen Gesellschaft, die von vielen harten Gegensätzen geprägt ist, auch in Zukunft eine bedeutende Rolle zukommen wird.

Literaturhinweise

Das Verzeichnis beschränkt sich auf westliche Literatur zum Thema.

Baldrian-Hussein, Farzeen: Procédés secrets du joyau magique: Traité d'alchimie taoïste du XIe siècle, Paris 1984

Barrett, Timothy: Taoism under the T'ang, London 1996

Bokenkamp, Stephen R., u. a.: Early Daoist Scriptures, Berkeley 1997

Bokenkamp, Stephen: «Sources of the Ling-pao Scriptures», in: Tantric and Taoist Studies, hg. von M. Strickmann, Bd. 2, Brüssel 1983, 291–371

Boltz, Judith M.: A Survey of Taoist Literature: Tenth to Seventeenth Centuries, Berkeley 1987

Bumbacher, Stephan Peter: The Fragments of the Daoxue zhuan: Critical Edition, Translation and Analysis of a Medieval Collection of Daoist Biographies, Frankfurt/Bern 2000

Campany, Robert Ford: To Live as Long as Heaven and Earth: A Translation and Study of Ge Hong's Traditions of Divine Transcendents, Berkeley 2002

Creel, Herlee G.: What Is Taoism? And Other Studies in Chinese Cultural History, Chicago 1970

Darga, Martina: Das Alchemistische Buch von innerem Wesen und Lebensenergie: Xingming guizhi, München 1999

–: Taoismus, München 2001

Dean, Kenneth: Taoist Rituals and Popular Cults of Southeast China, Princeton 1993

Debon, Günther (Übers.): Tao-Tê-King, Stuttgart 1961

Despeux, Catherine: «Les lectures alchimiques du Hsi-yu-chi», in G. Naundorf/K.-H. Pohl/Hans-Herrmann Schmidt (Hg.): Religion und Philosophie in Ostasien: Festschrift für Hans Steininger, 61–76, Würzburg 1985

–: Taiji quan, art martial de longue vie, Paris 1981

Eichhorn, Werner: «Bemerkungen zum Aufstand des Chang Chio und zum Staate des Chang Lu», in: Mitteilungen des Instituts für Orientforschung 3 (1955), 291–327

–: «Description of the Rebellion of Sun En and Earlier Taoist Religions», in: Mitteilungen des Instituts für Orientforschung 2 (1954), 325–352

–: Die Religionen Chinas, Stuttgart 1973

–: «Nachträgliche Bemerkungen zum Aufstand des Sun En», in: Mitteilungen des Instituts für Orientforschung 3 (1954), 464–476

–: «T'ai-p'ing und T'ai-p'ing Religion», in: Mitteilungen des Instituts für Orientforschung 5 (1957), 113–140
Engelhardt, Ute: Die klassische Tradition der qi-Übungen (qigong), Stuttgart 1989
Graham, Angus C.: Chuang-tzu: The Seven Inner Chapters and Other Writings from the Book Chuang-tzu, London 1981
–: «How much of Chuang Tzu Did Chuang Tzu Write?», in: Studies in Chinese Philosophy and Philosophical Literature, hg. von A. C. Graham, Albany 1990, 283–321
Güntsch, Gertrud: Das Shen-hsien chuan und das Erscheinungsbild eines Hsien, Frankfurt 1988
Hendrischke, Barbara: The Scripture on Great Peace. The Taiping jing and the Beginnings of Daoism, Berkeley 2006
–: «The Taoist Utopia of Great Peace», in: Oriens Extremus 35 (1992), 61–91
Homann, Rolf: Die wichtigsten Körpergottheiten im Huang-t'ing-ching, Göppingen 1976
Hymes, Robert P.: Way and Byway: Taoism, Local Religion, and Models of Divinity in Song and Modern China, Berkeley 2002
Kaltenmark, Max: Lao-tzu und der Taoismus. Aus dem Französischen von Manfred Porkert, Frankfurt 1981 (Lao Tseu et le taoïsme, Paris 1965)
–: Le Lie-sien tchouan, Peking 1953
Kandel, Barbara: Taiping jing: The Origin and Transmission of the «Scripture on General Welfare», Hamburg: Gesellschaft für Natur- und Völkerkunde Ostasiens, Mitteilungen 75 (1979)
Kohn, Livia (Hg.): Daoism Handbook, Leiden 2000
–: Laughing at the Tao: Debates among Buddhists and Taoists in Medieval China, Princeton 1995
–: Seven Steps to the Tao: Sima Chengzhen's Zuowanglun, St. Augustin/Nettetal 1987
– (Hg.): Taoist Meditation and Longevity Techniques, Ann Arbor 1989
–/Michael LaFargue (Hg.): Lao-tzu and the Tao-te-ching, Albany 1998
Lagerway, John: Taoist Ritual in Chinese Society and History, New York 1987
–: Wu-shang pi-yao: Somme taoïste du VI siècle, Paris 1981
Lau, D. C.: Chinese Classics: Tao Te Ching, Hongkong 1982 (auch: Lao Tzu Tao Te Ching, Harmondsworth 1963)
Le Blanc, Charles, u. a.: Mythe et philosophie à l'aube de la Chine impériale: Études sur le Huainan Zi, Paris 1992
Liu, Ts'un-yan: Buddhist and Taoist Influences on Chinese Novels, Wiesbaden 1962
–: «The Penetration of Taoism in the Ming Confucian Elite», in: T'oung Pao 52 (1970), 31–103
Liu, Xiaogan: Classifying the Zhuangzi Chapters, Ann Arbor 1994
Loon, Piet van der: Taoist Books in the Libraries of the Sung Period, London 1984

Maspero, Henri: Le Taoïsme: Mélanges posthumes sur les religions et l'histoire de la Chine, Paris 1950
–: Le Taoïsme et les religions chinoises, Paris 1971
–: Taoism and Chinese Religion, Amherst 1981
Michaud, Paul: «The Yellow Turbans», in: Monumenta Serica 17 (1958), 47–127
Ôfuchi Ninji: «On Ku Lingbao jing», in: Acta Asiatica 27 (1974), 34–56
Pregadio, Fabrizio: Encyclopedia of Daoism, Routledge-Curzon 2008
–: «Chinese Alchemy: An Annotated Bibliography of Works in Western Languages», in: Monumenta Serica 44 (1996), 439–476
Reiter, Florian C.: Der Perlenbeutel aus den drei Höhlen: Arbeitsmaterialien zum Taoismus der frühen T'ang-Zeit, Wiesbaden 1990
–: Grundelemente und Tendenzen des religiösen Taoismus: Das Spannungsverhältnis von Integration und Individualität in seiner Geschichte zur Chin-, Yüan- und frühen Ming-Zeit, Stuttgart 1988
–: Kategorien und Realien im Shang-ch'ing Taoismus: Arbeitsmaterialien zum Taoismus der frühen T'ang-Zeit, Wiesbaden 1992
–: Leben und Wirken Lao-Tzu's in Schrift und Bild. Lao-chün pa-shih-i-hua t'u-shuo, Würzburg 1990
–: Taoismus zur Einführung, Hamburg 2000
Robinet, Isabelle: Geschichte des Taoismus. Aus dem Französischen von Stephan Stein, München 1995 (Histoire du taoïsme, Paris 1991)
–: La révélation du Shangqing dans l'histoire du taoïsme, 2 Bde., Paris 1984
–: Les commentaires du Tao to king jusqu'au VIIe siècle, Paris 1977
–: Taoist Meditation, Albany 1993 (1979)
Schafer, Edward: Mao Shan in T'ang Times, Boulder, Colorado 1989
Schipper, Kristofer M.: Le corps taoïste. Corps physique, corps social, Paris 1982
–: L'empereur Wou des Han dans la légende taoïste. Paris 1965
–/Franciscus Verellen (Hg.): The Taoist Canon. A Historical Companion to the Daozang, Chicago 2004
Seidel, Anna K: «A Taoist Immortal of the Ming Dynasty: Chang San-feng», in: Self and Society in Ming Thought, hg. von William Theodore de Bary, New York 1970, 483–531
–: Taoismus: Die inoffizielle Hochreligion Chinas, Tokyo 1989
–: «Imperial Treasures and Taoist Sacraments: Taoist Roots in the Apocrypha», in: Tantric and Taoist Studies, hg. von M. Strickmann, Bd. 2, Brüssel 1983, 291–371
–: La divinisation de Lao Tseu dans le taoïsme des Han, Paris 1969
–: «Le sutra merveilleux du Ling-pao suprême, traitant de Lao tseu qui convertit les barbares», in: Contributions aux études du Touen-houang, hg. von M. Soymié, Bd. 3, Genf 1984, 305–352
Sivin, Nathan: Chinese Alchemy: Preliminary Studies, Cambridge, Mass. 1968
Stein, Rolf: «Religious Taoism and Popular Religion from the Second to

Seventh Centuries», in: H. Welch/A. K. Seidel, Facets of Taoism, New Haven, Conn. 1979
–: «Remarques sur les mouvements de taoïsme politico-religieux au IIe siècle ap. J. C.», in: T'oung Pao 50 (1963), 1–78
Strickmann, Michel: Histoire des syncrétismes religieux taoïstes et bouddhistes en Chine at au Japan, Paris 1991
–: Le taoïsme du Mao Chan: Chronique d'une révélation, Paris 1981
–: Tantric and Taoist Studies, Brüssel 1985
–: «The Mao Shan revelations. Taoism and the Aristocracy», in: T'oung pao, 63 (1977), 1–64
–: «Therapeutische Rituale und das Problem des Bösen im Frühen Taoismus», in: Religion und Philosophie in Ostasien: Festschrift für Hans Steininger zum 65. Geburtstag, Würzburg 1985, 185–200
van Ess, Hans: «The meaning of Huang-Lao in Shiji and Hanshu», in: Études Chinoises XII/2 (1993), 161–177
–: «Die Geheimen Worte des Ssu-ma Ch'ien», in: Oriens Extremus 36/1 (1993), 5–28
Verellen, Franciscus: Du Guangting (830–933): Taoïste de cour à la fin de la Chine médiévale, Paris 1989
Waley, Arthur: The Way and Its Power: A Study of the Tao Te Ching and Its Place in Chinese Thought, New York 1958
Ware, James: Alchemy, Medicine and Religion in the China of A. D. 320: The Nei P'ien of Ko Hung (Pao-p'u tzu), Cambridge, Mass. 1966
Watson, Burton: The Complete Works of Chuang Tzu, New York 1968
Welch, Holmes/Anna K. Seidel: Facets of Taoism, New Haven, Conn. 1979
Wilhelm, Richard (Übers.): Tao Te King: Das Buch vom Sinn und Leben, Leipzig 1911
–: Lao-tse und der Taoismus, Stuttgart 1925

Bildnachweis

Seite 6: Aus: Henri Doré: Recherches, Ière partie, tome I, Schanghai 1911, Fig. 147, gegenüber S. 194

Seite 18: Aus: Henri Doré: Recherches sur les superstitions en Chine, IIIème partie, tome XIII, Schanghai 1918, nach S. 20

Seite 19: Aus: Henri Doré: Recherches, IIIème partie, tome XVIII, Schanghai 1938, gegenüber S. 20

Seite 46: Aus: Florian C. Reiter (Hg.), Leben und Wirken Lao-Tzu's in Schrift und Bild, Würzburg 1990, S. 78 f.

Seite 54: Aus: ebd., S. 164 f.

Seite 67: Henri Doré: Recherches, IIIème partie, tome XVIII, Schanghai 1938, gegenüber S. 190

Seite 69: Aus: Stephen R. Bokenkamp, Early Daoist Scriptures, Berkeley/Los Angeles/London 1997, S. 431

Seite 73: Aus: Henri Doré: Recherches, Ière partie, tome I, Schanghai 1911, Fig. 126, gegenüber S. 211

Seite 74: Aus: Henri Doré: Recherches, IIIème partie, tome XVIII, Schanghai 1938, gegenüber S. 184 und gegenüber S. 188

Seite 81: Aus: Livia Kohn (Hg.), Daoism Handbook, Leiden/Boston/Köln 2000, S. 516 und S. 503

Register

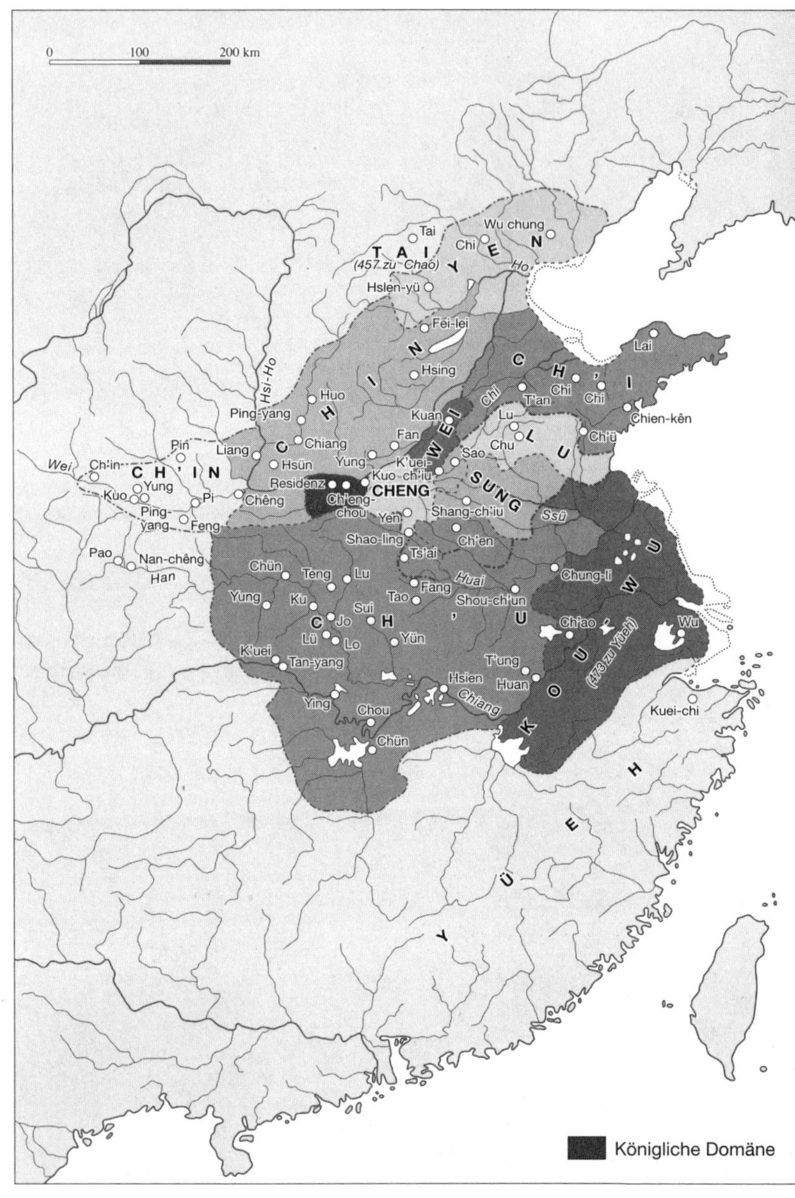

China zur Zeit des Laozi